DEVOCIONALES
DE 3 MINUTOS
PARA MUJERES

DEVOCIONALES

DE 3 MINUTOS

PARA MUJERES

180 lecturas inspiradoras para el corazón de ella

inspiración para la vida
≋CASA PROMESA
Una división de Barbour Publishing, Inc.

Devocionales de 3 minutos para mujeres
© 2014 por Casa Promesa

Título en inglés: *3 Minute Devotions for Women*
© 2013 por Barbour Publishing, Inc.

ISBN 978-1-62836-954-0

Ediciones eBook:
Edición Adobe Digital (.epub) 978-1-63058-550-1
Edición Kindle y MobiPocket (.prc) 978-1-63058-551-8

Los devocionales aparecieron con anterioridad en *Daily Encouragement for Single Women*, publicado por Barbour Publishing, Inc.

Desarrollo editorial: *Semantics, Inc.* P.O. Box 290186, Nashville, TN 37229.
semantics01@comcast.net

Publicado por Casa Promesa, P. O. Box 719, Uhrichsville, Ohio 44683,
www.casapromesa.com.

Nuestra misión consiste en publicar y distribuir productos inspirativos que ofrecen un valor excepcional y aliento bíblico a las masas.

Member of the
Evangelical Christian
Publishers Association

Impreso en los Estados Unidos de América

Introducción

La mayoría de los días estamos buscando un momento o dos de inspiración y aliento, una fresca bocanada de aire para los pulmones y el alma.

Aquí tiene una colección de momentos de la verdadera Fuente de toda inspiración y aliento: la Palabra de Dios. En estas páginas se te guiará por lecturas del tamaño ideal que podrás experimentar en un tiempo tan breve como son tres minutos:

Minuto 1: Reflexiona en la Palabra de Dios
Minuto 2: Lee la aplicación a la vida real y el aliento
Minuto 3: Ora

Estos devocionales no pretenden sustituir el escudriñar las Escrituras ni los profundos momentos personales de tranquilidad. Más bien considéralos el impulso perfecto que te ayudará a crear la costumbre de pasar tiempo con Dios a diario. O añádelos al tiempo que ya le estás dedicando a él. Comparte esos momentos con amigas, familia, compañeros de trabajo y otras personas con las que estés en contacto cada día. Ellas también están buscando inspiración y estímulo.

Tu palabra es una lámpara que guía mis
pies y una luz para mi camino.
Salmo 119:105 ntv

ÉL DISFRUTA DE TI

*Porque el Señor tu Dios está en medio de ti como
guerrero victorioso. Se deleitará en ti con gozo, te
renovará con su amor, se alegrará por ti con cantos.*
SOFONÍAS 3.17 NVI

❋

La memoria es una poderosa parte de cada una de nosotras. Tal vez
puedas ver a tu padre mimándote o en un evento deportivo, o quizá
recuerdes a tu madre acariciándote la frente febril mientras estabas
enferma y acostada en la cama. Con estas imágenes mentales llega el
emotivo recuerdo —¡qué bueno era sentirse mimada y alentada!— de
lo consolador que era sentirse amada y cuidada.

Las palabras de Sofonías nos recuerdan que Dios es nuestro
padre amoroso. Nuestro poderoso Salvador nos ofrece una relación
personal, nos ama y se regocija sobre nosotros, sus hijos, feliz porque
vivimos y nos movemos en él. Es el Señor del universo y, a pesar de
ello, calma nuestro inquieto corazón y nuestra mente con su tierno
amor. Se deleita en nuestra vida y celebra nuestra unión con él.
Podemos descansar en su afirmación y amor, independientemente de
las circunstancias que nos rodeen.

*Señor, ayúdame a recordar que siempre estás
conmigo y que te deleitas en mí. Recuérdame que soy
tu hija y que disfrutas nuestra relación. Amén.*

DULCE AROMA

El perfume y el incienso alegran el corazón; la
dulzura de la amistad fortalece el ánimo.
PROVERBIOS 27.9 NTV

❀

Cuando piensas en la palabra *consuelo* ¿qué te viene a la mente?
Tal vez un par de jeans favoritos o una sudadera muy usada. Podría
ser chocolate o unos macarrones caseros con queso, alimentos que
alivian en tiempos difíciles. O quizá sea un rico baño de burbujas, con
velas y música relajante.

Aunque todas estas cosas pueden aportar un alivio temporal,
la Palabra de Dios nos dice que hallar el verdadero Consuelo es tan
simple como compartir con una amiga de corazón a corazón. Ya sea
delante de una taza de café, un postre o incluso por teléfono, una
querida amiga puede ofrecer el aliento y el consejo dirigido por Dios
que todas necesitamos de vez en cuando.

Las amistades que tienen a Cristo como centro son relaciones
maravillosas y bendecidas por el Padre. A través del oportuno consejo
piadoso que estas amigas ofrecen, Dios nos habla derramando su
consuelo tan dulce como el perfume o el incienso. Así que, ¿qué
esperas? ¡Concierta una cita con una amiga y comparte el dulce
aroma de Jesús!

Jesús, tu amistad significa un mundo para mí. También
aprecio las estrechas amistades con las que me has
bendecido. Gracias por las mujeres especiales en mi
vida. Muéstrame cada día cómo ser una bendición
para ellas, así como ellas lo son para mí. Amén.

LLENA DE GRACIA

*Que su conversación sea siempre amena y de buen
gusto. Así sabrán cómo responder a cada uno.*
COLOSENSES 4.6 NVI

❋

Inflexión. Tono de voz. Actitud. Tal vez recuerdes lo que tu madre
decía: "No es lo que dices, sino cómo lo dices". Las palabras no
solo transmiten un mensaje, también revelan la actitud de nuestro
corazón. Cuando nuestra conversación está llena de gracia, hasta las
verdades difíciles se pueden comunicar de una forma eficaz. ¿Pero
cómo sazonamos nuestras palabras con gracia?

La gracia es un favor inmerecido que extiende un amor
incondicional a otra persona. Ya sea en tu comunicación con
amigas, familiares o compañeros de trabajo, es importante que
demuestres que los valoras. Pon sus necesidades por encima de las
tuyas. Comunica la verdad dentro del contexto del amor. Muestra
compasión y perdón. Demuestra comprensión y apertura a recibir
su aportación. Respeta su opinión. En lugar de luchar por exponer
tu idea, intenta entender las suyas. Procura edificarlos. Transmite
aliento y esperanza. Sé positiva.

Cuando nuestras conversaciones están llenas de gracia,
las personas disfrutarán comunicándose con nosotros. Querrán
marcharse bendecidas por el amor que hemos mostrado. Extiende
hoy, en tus conversaciones, la gracia de Dios a aquellos que estén
hambrientos por experimentar su amor.

*Amado Señor, haz que pueda ver cada conversación
como una oportunidad de extender tu gracia a otros.
Que mis palabras puedan ser una bendición. Amén.*

UN ALMA PRÓSPERA

*Amado, yo deseo que tú seas prosperado en todas las
cosas, y que tengas salud, así como prospera tu alma.*
3 JUAN 1.2 RVR1960

❀

Las mujeres del siglo veintiuno hacen todo lo imaginable por
mantener su cuerpo y su mente en Buena forma. Trabajan fuera de
casa, controlan sus calorías y carbohidratos, prodigan un cuidado
excelente a su piel y sus dientes. Por fuera, muchas mujeres parecen
tener una excelente salud. ¿Pero qué decir de su alma? ¿Qué provecho
tendría una mujer si estuviera completamente en forma en su aspecto
exterior y su alma estuviera enferma por el pecado?

Tal vez eres una de esas mujeres que se motivan para estar en
forma. Tal vez hasta pongas tu cuerpo externo por delante de otras
prioridades, prestando una atención particular a la dieta, al ejercicio
y a la apariencia. Al pensar en tu salud global, considera tu alma.
¿Le has entregado tu corazón y tu vida al Señor Jesucristo? Si es así,
¿estás pasando tiempo con él? ¿Orando? ¿Leyendo su Palabra? Estas
cosas son necesarias para un alma saludable.

Las Escrituras de hoy son tan alentadoras. Dios quiere que
prosperemos y le encanta que disfrutemos de buena salud, a la vez
que nuestra alma prospera. Si pensamos realmente sobre esto, hemos
de concluir que la salud de nuestra alma es aún más importante que
nuestra salud física. Pasa algún tiempo hoy, dándole un poco de
ejercicio a tu alma.

*Señor, a veces le presto más atención al exterior
que al interior. Me preocupo más por aquello
que la gente puede ver y no por lo que no pueden
percibir. Hoy me acerco a ti. Haz que tenga Buena
salud... desde dentro hacia afuera. Amén.*

GUÍA, SIGUE Y BENDICE

Vas delante y detrás de mí. Pones tu mano
de bendición sobre mi cabeza.

SALMO 139.5 NTV

❄

Una maestra de jardín de infantes explicó las normas a sus nuevos estudiantes. "Cuando bajemos por el pasillo —indicó—, yo iré siempre delante y ustedes no deben adelantarme". De inmediato, los niños preguntaron por qué. Ella les respondió que sería su guía para ayudarles a saber qué camino seguir. Añadió que esto ayudaría a que ella pudiera controlarlos. "¡Cuando vengan sus padres a recogerlos no quiero decirles que los he perdido!", bromeó. *La maestra iría delante de sus estudiantes.*

El capitán de un barco recibió a bordo a la tripulación de reclutas de la Marina. Pasó a explicar los procedimientos del barco. "Si el barco se hunde —dijo— tomen los salvavidas y sálvense. Yo iré detrás de ustedes. Una vez sepa que todos ustedes están a salvo, yo los seguiré". *El capitán seguiría a sus marineros.*

Una joven madre metió a su hija en la cama. La niña murmuró somnolienta: "Mamá, ¿por qué pones tu mano sobre mi cabeza antes de salir de mi habitación?". La madre respondió sonriente: "Coloco mi mano sobre tu cabeza mientras oro por ti, cariño. Pido las bendiciones de Dios sobre ti mientras duermes". *La madre colocó su mano sobre la cabeza de su hija.*

Dios es las tres cosas. *Te guía. Te sigue. Coloca una mano de bendición sobre tu cabeza.* Un padre omnipresente que te tiene a su cuidado.

Dios, gracias porque me guías, cuidas mis
espaldas y me bendices a diario. Amén.

Entre milagros

Y Jehová dijo a Moisés: He aquí yo
os haré llover pan del cielo.
ÉXODO 16.4 NVI

❊

Por los gemidos y los quejidos jamás se habría dicho que los israelitas acababan de ser milagrosamente liberados de la esclavitud. Conocían de primera mano el duro corazón de Faraón y fueron testigos de las horribles plagas que torturaron a sus enemigos. A pesar de ello, días más tarde, cuando se quedaron atascados en el desierto, dudaron de la fidelidad de Dios. Se preguntaron si se había olvidado de ellos y si morirían de hambre. ¿La respuesta de Dios? otro milagro. Esta vez hizo llover pan del cielo. Un recordatorio tangible, cotidiano de que seguiría proveyendo para los israelitas a pesar de su falta de fe.

¿Has experimentado algún milagro? ¿Una oferta de trabajo justo a tiempo? ¿Un cheque inesperado en el correo? Resulta fácil alabar a Dios frente a una oración respondida y una provisión milagrosa. De inmediato, reconoces su obra y le alabas por su fidelidad. Pero demasiado pronto nos sentimos atascados en el desierto y nos preguntamos qué será lo que Dios tiene entre manos. ¿Está escuchando? ¿Nos has olvidado por completo? En algún lugar de nuestra memoria lejana hay un milagro, pero a veces solo queremos gritar: "¿Qué has hecho por mí últimamente?".

Las circunstancias cambian. Dios no. La próxima vez que estemos atascados en el desierto entre milagros, recuerda el maná.

Padre, cuánto siento olvidar tu fidelidad, a pesar
de tu continua provisión para mí. Ayúdame
a recordar y a ser agradecida. Amén.

AUTOEXAMEN

*Escudriñemos nuestros caminos, y
busquemos, y volvámonos a Jehová.*
LAMENTACIONES 3.40 NVI

❃

¿Y si pudieras seguirte a ti misma durante todo el día, examinando cuidadosamente todo lo que haces? Mira tu programa: tu elección de actividades, las personas con las que hablas, las cosas que escuchas y ves, los hábitos que se están formando, los pensamientos que tienes en mente. Tal vez tu corazón desea intimidad con Dios, pero un día real de tu vida no deja tiempo para la soledad. Dios nos habla a menudo en la quietud y los espacios silenciosos. ¿Cómo le vamos a escuchar si nunca estamos tranquilos?

Tomarse tiempo para reflexionar, pensar y examinarse a uno mismo es un paso necesario para moverse hacia la intimidad con Dios. Antes de volverle la espalda, debemos arrepentirnos de las cosas que nos apartaron de él en primer lugar. Al apartar tiempo para la soledad y la reflexión, el Espíritu Santo nos mostrará amablemente estas cosas si se lo pedimos. Nos mostrará los pecados que necesitamos confesar y nos dará la gracia del arrepentimiento. Al experimentar el perdón se restaura nuestra comunión con nuestro Padre celestial.

*Señor, ayúdame a callarme delante de ti y a estar
dispuesta a examinar mis caminos. Háblame por
medio de tu Espíritu Santo de lo que está mal en mi
vida. Dame el don del arrepentimiento y permíteme
extender el perdón a aquellos que me rodean. Amén.*

UN ANHELO SANTO

Como el ciervo brama por las corrientes de las aguas, así clama por ti, oh Dios, el alma mía. Mi alma tiene sed de Dios, del Dios vivo; ¿cuándo vendré, y me presentaré delante de Dios?

SALMO 42.1-2 RVR1960

❋

Cuando uno piensa en la palabra *anhelar*, ¿qué imágenes te vienen a la mente? Anhelamos tantas cosas, ¿verdad? Anhelamos que alguien nos ame, que nos diga lo especiales que somos. Anhelamos la paz financiera. Anhelamos un trabajo extraordinario, el lugar perfecto para vivir, y hasta los amigos ideales.

El mayor deseo de Dios es que lo anhelemos. Las Escrituras de hoy presentan una imagen bastante clara. Deberíamos tener hambre y sed de Dios. Cuando hemos estado lejos de él, incluso por un breve tiempo, nuestra alma debería jadear por él.

Si somos completamente sinceros con nosotros mismos, tendríamos que admitir que nuestros anhelos terrenales suelen desbancar nuestro anhelo por Dios. Ciertamente disfrutamos de nuestro tiempo de adoración, pero en realidad no entramos en él con la profundidad de anhelo que se alude en las Escrituras. Pídele a Dios que nos dé su perspectiva sobre el anhelo. Después de todo, él sabe lo que significa anhelar a alguien. Su anhelo por ti fue tan grande que entregó a su único Hijo en una cruz para estar cerca de ti.

Padre, mis anhelos terrenales suelen interponerse en el camino de los espirituales. Acércame a tu presencia, Dios. Vuelve a encender mi anhelo por ti. Amén.

CAMINAR EN LA CONFIANZA DE DIOS

Si se humillare mi pueblo, sobre el cual mi
nombre es invocado, y oraren, y buscaren mi
rostro, entonces yo oiré desde los cielos, y
perdonaré sus pecados, y sanaré su tierra.

2 CRÓNICAS 7.14 NVI

❀

Algunas personas consideran que la humildad es una debilidad.
Otros creen que significa no hablar jamás de uno mismo o
menospreciarte a ti o tus logros. Los cristianos confunden con
frecuencia la humildad con una baja autoestima, creyendo que no
deberíamos pensar en nosotros mismos como alguien digno, porque
Jesucristo fue la única persona perfecta.

Pero cuando aceptamos a Cristo como nuestro Señor y Salvador,
su vida se convierte en la nuestra. Ya no somos esclavos del pecado,
sino que somos dueños de su justicia. De modo que no tenemos que
pensar que somos escoria. Dado que Dios nos reconcilió consigo
mismo por medio del sacrificio de Jesús en la cruz, podemos vivir
cada día con la confianza de sabernos perdonados.

Nuestro Salvador caminó en total confianza con Dios —sabiendo
que sus pasos estaban planeados— y solo tenía que escuchar el latido
del corazón de su Padre para saber qué camino seguir. Pudo soportar
los insultos, las persecuciones, y los discípulos mentecatos, porque
sabía quién era y hacia donde se dirigía.

Humíllate hoy delante de Dios y pide su perdón por las formas
en que has pecado. Acepta su perdón y vive en total confianza con
Dios, sabiendo que te ha escuchado. Entonces serás capaz de resistir
las presiones que la vida te lanza, porque él es tu vida.

Padre Dios, te alabo por tu perdón y tu sanidad.
Gracias porque soy llamado por tu nombre. Amén.

Su perfecta fuerza

*Pero él me dijo: «Te basta con mi gracia, pues mi
poder se perfecciona en la debilidad.» Por lo tanto,
gustosamente haré más bien alarde de mis debilidades,
para que permanezca sobre mí el poder de Cristo.*

2 Corintios 12.9 NVI

¿Cómo defines el estrés? Tal vez lo sientas cuando el auto no arranca o cuando se atasca el baño, o cuando la cola del supermercado es demasiado larga. Quizá tu fuente de estrés sea un terrible diagnóstico, una llamada a altas horas de la noche, un jefe exigente, o una relación rota. Es probablemente una combinación de todas estas cosas. Podrías ser capaz de afrontar una de estas cosas, pero cuando varias nos aplastan al mismo tiempo, el estrés es el resultado inevitable.

Se ha dicho que el estrés se produce cuando nuestras exigencias percibidas exceden a nuestros recursos percibidos. Cuando las horas requeridas para cumplir con una fecha límite en el trabajo (exigencia) exceden el número de horas disponibles (recursos), nos sentimos estresados. La palabra más importante en esta definición es *percibidos*. Cuando se trata del estrés, las personas tienen tendencia a hacer dos cosas. Una, magnifican la exigencia (*"Nunca seré capaz de hacerlo"*) y dos, no llegan a considerar todos sus recursos. Para el hijo de Dios, esto incluye su poderosa fuerza que permanece mucho después de que la nuestra haya desaparecido.

En un mundo incierto, resulta difícil decir pocas cosas seguras. Pero independientemente de lo que la vida lance a nuestro camino, podemos confiar en esto: nuestras exigencias *jamás* exceden a los inmensos recursos de Dios.

*Fuerte y poderoso Padre celestial, gracias
porque en mi debilidad puedo siempre
confiar en tu fuerza perfecta. Amén.*

¡Desencadenada!

Y ustedes no recibieron un espíritu que de nuevo los esclavice al miedo, sino el Espíritu que los adopta como hijos y les permite clamar: «¡Abba! ¡Padre!».

ROMANOS 8.15 NVI

❋

Imagina lo difícil que sería la vida dentro de los muros de una prisión. Sin luz del sol. Sin libertad para ir donde una quiere cuando una lo desea. Tan solo una existencia triste y oscura, encerrada en un lugar que no escogiste, sin forma de escapar.

La mayoría de nosotras no puede tan siquiera imaginar semejantes restricciones. Como cristianas tenemos una libertad completa por medio de Jesucristo, nuestro Señor y Salvador. No hay limitaciones. No hay cadenas.

Irónicamente, muchas de nosotras edificamos nuestros propios muros y escogemos nuestras propias cadenas. Cuando nos entregamos al temor, estamos entrando deliberadamente en una prisión que el Señor nunca pretendió para nosotras. No siempre lo hacemos a propósito. De hecho, con frecuencia nos encontramos tras los barrotes cuando el daño ya está hecho, y después nos preguntamos cómo llegamos allí.

¿Luchas contra el temor? ¿Sientes que te está atando con sus cadenas invisibles? De ser así, hay buenas noticias. Has recibido el Espíritu de filiación por medio de Jesús. Un hijo (o hija) del Dios altísimo no tiene nada que temer. Saber que has sido liberada es suficiente para hacerte exclamar: "¡Abba, Padre!" en alabanza. Reconoce hoy tus temores delante del Señor. Él soltará tus cadenas y te liberará.

¡Gracias, Señor, porque eres el gran quebrantador de cadenas! No tengo que vivir en temor. ¡Soy tu hija y tú eres mi Papá-Dios! Amén.

LAS DISTRACCIONES DE LA VIDA

Y hallándole, le dijeron: Todos te buscan. El les dijo:
Vamos a los lugares vecinos, para que predique
también allí; porque para esto he venido.
MARK 1.37-38 RVR1960

El director de la escuela dominical se acercó a una joven en el pasillo. "Sé que eres capaz de dirigir el departamento de la escuela secundaria. En estos momentos no estás desempeñando ninguna función de servicio. ¿No considerarías este puesto? La joven se sintió arrinconada. Su don no era el de la enseñanza, y temía ante la perspectiva de pasar los domingos por la mañana con adolescentes. Pero había una inauguración y sabía que se sentiría culpable si no ayudaba al líder de la iglesia. ¿Qué debía hacer?

En el ministerio de Jesús, fue llamado a sanar a los enfermos y hablar a las multitudes. Con todo, a pesar del clamor de las multitudes, conocía su propósito. En lugar de desviarse y seguir el programa de las personas, Jesús sabía que su prioridad era la oración y reconocer la voluntad de Dios. Jamás permitió que las demandas de las personas lo distrajeran de su llamado.

Dios nos diseñó para un propósito especial. Estamos llamadas a usar nuestros dones. Cuando entramos en una situación que él no diseñó para nosotros, estamos desobedeciendo. Ocupar un puesto solo porque hay una inauguración nunca es una buena idea. Es necesario que descubramos nuestros dones y que los usemos para la gloria de Dios.

Señor, señálame el camino que quieres que siga.
No permitas que me distraiga. Amén.

Cuerpo y espíritu

¿No saben que ustedes son templo de Dios y
que el Espíritu de Dios habita en ustedes?
1 Corintios 3.16 NVI

❃

Amy se dejó caer en la cama con un gemido. Había estado de pie todo el día por su trabajo de dependienta, y se sentía vieja y cansada.

Tengo que empezar a hacer ejercicio, pensó por centésima vez esa semana. Cada lunes decidía cuidar mejor su cuerpo, pero llegado el martes, ya había sucumbido a sus viejos hábitos. *¿Por qué lo hago?* Se preguntó. *¡Señor, ayúdame!*

Al día siguiente, Amy llamó a una amiga para preguntarle si podía ayudarla a ser responsable con sus ejercicios. "Quiero cambiar —explicó Amy—, pero necesito estímulo".

Nuestra carcasa física alberga el espíritu mismo de Dios y Dios creó nuestros cuerpos; por tanto, se nos ha llamado a ser buenas administradoras de ellos. Con nuestro frenético estilo de vida moderno resulta difícil convertir la salud en una prioridad, pero podemos pedirle a Dios sabiduría y disciplina. Después de todo, si él nos pide que hagamos algo, nos equipará para la tarea.

¿Tratas tu cuerpo como el templo de Dios? ¿Cuáles de tus hábitos podrías cambiar? Tal vez podrías beber menos gaseosa, comer más fruta y verdura, o hacer más ejercicio. ¿Fumas? Decide dejarlo. ¿Trabajas sentada detrás de un escritorio todo el día? Oxigénate un poco a la hora de comer. ¡Tu cuerpo y tu espíritu te lo agradecerán!

Señor, dame la disciplina para tomar sabias
decisiones sobre lo que bebo y como. Y ayúdame a
convertir el ejercicio en una prioridad. Amén.

SOY AMIGA DE DIOS

Al ver la fe de ellos, Jesús dijo: Amigo,
tus pecados quedan perdonados.
LUCAS 5.20 NVI

Las amistades son fundamentales para las mujeres, y las piadosas son las mejores. ¿Puedes imaginar un mundo sin tus amigas? ¡Imposible! ¿Con quién compartirías tus esperanzas y sueños? ¿Tus metas y aspiraciones? ¡Oh, qué bendición son las mujeres de Dios! Nos insuflan esperanza y vida cuando más las necesitamos. Se ríen con nosotras viendo películas para mujeres. Lloran con nosotras cuando tenemos el corazón roto.

¿No te parece sorprendente constatar que Dios nos llama amigas? Extiende sus brazos y nos ofrece una amistad que supera lo mejor que este mundo pueda brindar. Y lo mejor de todo es que él no es el tipo de amiga que pierde el contacto o que se olvida de llamar. Él siempre está ahí. Y aunque tus amigas terrenales pueden hacer un buen trabajo de consuelo cuando estás en horas bajas, su tipo de consuelo ni siquiera se puede comparar al del Señor. Él sabe qué decir cuando las cosas van mal y cómo organizar una sorprendente celebración cuando las cosas te van bien.

Dale gracias al Señor hoy —no solo por la salvación, sino por la obra que ha hecho en tu corazón, no solo por las personas y las cosas que ha colocado en tu vida—, sino por llamarte su amiga.

¡Oh, Señor, me siento tan bendecida de que me llames
tu amiga! Eres lo mejor que tendré jamás. Gracias por el
tipo de amistad que elimina todas las barreras. Amén.

ÉL ES TU CONFIANZA

*Porque el Señor será tu confianza, y
guardará tu pie de ser apresado.*
PROVERBIOS 3.26 LBLA

❀

En ocasiones deseamos tener más confianza. Una entrevista de trabajo o una situación social a la que nos estamos enfrentando pueden ponernos nerviosas. Una nueva circunstancia en la que nos vemos metidas puede hacer que nos preocupemos. ¿Estaremos vestidas de forma adecuada? ¿Sabré qué decir?

Son los momentos en que debemos recordar que el Señor está siempre con nosotros. Ha prometido no dejarnos ni abandonarnos. Nos dice que somos sus corderitos y que él es nuestro gran Pastor. Nos sostiene con la diestra de su justicia. Nos lleva junto a aguas de reposo y restaura nuestra alma. Estas no son más que unas pocas de las promesas de Dios en cuanto al cuidado que proporciona a sus hijos.

La próxima vez que necesites algo de confianza, en vez de preocuparte o intentar armarte de valor y resolverlo sola, busca a Dios. Lee 2 Corintios 12.9 y recuerda que, en tu debilidad, Dios se manifiesta para ser tu fuerza. Él será tu confianza.

*Dios, sé mi confianza cuando este mundo
traiga situaciones en las que me sienta
insegura o fuera de lugar. Gracias. Amén.*

LUZ RESPLANDECIENTE

Ustedes son la luz del mundo. Una ciudad en
lo alto de una colina no puede esconderse.
MATEO 5.14 NVI

Los discípulos de Jesús lo sabían todo sobre la oscuridad. Siglos antes de que se utilizara la electricidad para proporcionar luz, los individuos se las apañaban con hogueras y lámparas de aceite. Cuando el sol se ponía, reinaba la oscuridad.

Por tanto, cuando Jesús les dijo a sus seguidores que eran la luz del mundo, la imagen significaba muchísimo para ellos. La luz que supera la oscuridad, la luz que ilumina el camino al Salvador. ¡Qué concepto tan asombroso!

Jesús también nos dice a nosotras, seguidoras del siglo veintiuno, que seamos luz, con valor y sin avergonzarnos, inundando las tinieblas que nos rodean. ¿Cómo lo hacemos? En primer lugar, viviendo la vida a la que Dios nos ha llamado, no sin pecado, pero perdonadas. En segundo lugar, salpicando nuestras conversaciones con la evidencia de nuestra fe. ¿Ha ocurrido algo bueno? Compártelo con los demás y reconoce el mérito de Dios en ello. Cuando alguien pregunta por la paz que ve en ti, comparte el gozo de Jesús.

Ser una luz del mundo no tiene que ver con estar citando la Biblia continuamente o con calentarles la cabeza a otros con la religión. Se trata de vivir una fe genuina que permite que la luz de Cristo irrumpa a través de nuestro vivir cotidiano. Con ese objetivo en mente, ¡brilla!

Jesús, tú eres mi verdadera luz. Aunque yo sola no
puedo brillar con tanto fulgor como tú, te pido que
seas tú quien resplandezcas a través de mí mientras
yo procuro seguirte. Sé que no seré perfecta, pero
también sé que tu gracia me cubre. Amén.

AGRADAR A LOS DEMÁS FRENTE A AGRADARLE A DIOS

No tratamos de agradar a la gente sino a Dios, que examina nuestro corazón.
1 TESALONICENSES 2.4 NVI

❋

Gran parte de lo que decimos y hacemos surge de nuestro deseo de ser aceptadas por los demás. Luchamos por causar alguna impresión, por derramar la mejor luz posible sobre nosotras mismas. Queriendo que se nos vea como mujeres de éxito, es posible que decidamos exagerar, embellecer o incluso mentir. Resulta difícil ser fiel a una misma cuando nos preocupa tanto la aceptación y las opiniones de los demás. Gestionar la impresión es tarea ardua, de modo que es bueno saber ¡que Dios tiene un plan mejor!

En lugar de dejarte llevar por las opiniones de los demás, lucha por vivir tu vida solo para Dios y agradarle a él por encima de cualquier otra persona. Dios conoce nuestro corazón. Percibe las cosas tal como son de verdad. No podemos engañarlo. Cuando nos permitimos ser auténticos delante de él, no importa lo que piensen los demás. Si el Dios del universo nos ha aceptado, ¿a quién le importa la opinión de los demás?

Es imposible agradar a Dios y al hombre. Debemos elegir. El hombre mira la apariencia externa, pero Dios mira el corazón. Alinea tu corazón con el suyo. Deja ir la gestión de la impresión que se centra en la apariencia externa. Recibe el amor incondicional de Dios ¡y disfruta de la libertad de ser tú misma delante de él!

Amado Señor, haz que pueda vivir solo para ti. Ayúdame a dejar de ser alguien que agrada a las personas para ser alguien que complazca a Dios. Amén.

RODEADO POR SU PRESENCIA

Entonces una nube cubrió el tabernáculo de reunión,
y la gloria de Jehová llenó el tabernáculo.
ÉXODO 40.34 RVR1960

❋

Dios quiere que entremos a adorar con un corazón preparado para encontrarnos realmente con él. Anhela que entremos en el estado de ánimo donde no nos limitemos a cantar sobre él, en que le estemos adorando de verdad, con cada fibra de nuestro ser. Quiere participantes sinceros, no espectadores.

Dios promete encontrarse con nosotros. Cuando entramos en su presencia, si nuestro corazón y nuestra mente están verdaderamente comprometidos, con frecuencia nos abruma con su bondad, su grandeza, su Palabra. Piensa en la última vez que te involucraste de verdad a Dios, que te encontraste con él de una forma sobrenatural. ¿Hace mucho tiempo?

El deseo del Señor es que vengamos a su presencia con regularidad, no con un ánimo de "tengo que quitarme esto de encima", sino con una actitud de "Señor, ¡me siento tan bendecida de pasar tiempo contigo!". Cuando nos encontramos con él, con esta mentalidad, la resplandeciente grandeza del Señor se revelará y su gloria llenará el lugar.

Señor, anhelo encontrarme contigo, pero hacerlo de verdad.
No quiero hacerlo por inercia, Padre celestial. Quiero que
tu gloria descienda, que tu resplandeciente grandeza
me abrume. Te ofrezco hoy mi ser, no como espectadora,
sino como participante en tu santa presencia. Amén.

Amor redentor

*Por un breve momento te abandoné, pero con gran
compasión te recogeré. En un acceso de ira escondí mi
rostro de ti por un momento, pero con misericordia eterna
tendré compasión de ti —dice el Señor tu Redentor.*

Isaías 54.7-8 lbla

En este hermoso pasaje de Isaías funcionan contrastes opuestos: un
breve abandono, pero una gran reunión; una ira momentánea, pero
amor y compasión eternos. Existe un propósito en cada palabra. El
Señor es apasionado con su pueblo escogido. Aunque se sintieron
abandonados, fue poco tiempo; la intención de Dios era volver a
reunirlos con gran cuidado. Estaba enojado y escondió su rostro, pero
no pudo negar jamás su amor eterno que los redimiría.

Así como Dios amó a los israelitas y les habló por medio
de Isaías, también ama a cada una de nosotras. Su corazón no ha
cambiado a lo largo de los siglos. Sigue permitiendo que haya
momentos en los que nos sintamos abandonadas; sin embargo, él nos
busca y nos vuelve a acercar a sí mismo. El pecado sigue enojándolo,
pero es tierno y misericordioso hacia aquellos a los que ama. Su
acto supremo de compasión por nosotros fue cuando derramó
su ira sobre Jesús en la cruz, cuando dio a su Hijo para que fuera
nuestro Redentor. Nos rescató al precio más alto cuando nosotros no
teníamos forma de acudir a él.

*Padre, gracias por el perdón y la restauración. En
los momentos de oscuridad, ayúdame a recordar tu
amor y tu gracia eternos para conmigo. Amén.*

DADOR DE COSAS BUENAS

*Porque sol y escudo es el SEÑOR Dios; gracia y gloria da el
SEÑOR; nada bueno niega a los que andan en integridad.*
SALMO 84.11 LBLA

❄

La preocupación es una práctica tan inútil como las ruedas giratorias
en un vehículo que no te lleva a ningún lugar. Y, a pesar de ello, las
mujeres somos tristemente célebres por ello. La Biblia nos aconseja
que dejemos que cada día lleve su propio afán. Se nos promete que
Dios proveerá para nosotros.

Salmo 84:11 afirma que Dios no retiene las cosas buenas de sus
hijos. Nos conoce. Nos creó y pone en nosotros nuestros propios
sueños, preferencias y esperanzas únicos. Cuando empieces a
preocuparte, lee este versículo. Ponlo en tu tablón de anuncios en el
trabajo y en el espejo de tu cuarto de baño, en casa. Léelo en voz alta
cada vez que la preocupación empiece a entrar a hurtadillas.

Tu padre celestial no es "el gran hombre que está arriba"
mirándote desde allí y riéndose de los deseos no cumplidos en tu
vida. Quiere darte cosas buenas. Con frecuencia, su tiempo es distinto
del nuestro, pero su plan siempre consiste en bendecir y nunca en
dañarnos. Busca las bendiciones de cada día y sigue llevando tus
deseos delante del Señor en expectación.

*Padre, a veces me pregunto por qué no derramas la
bendición del cielo por la que clamo. Dame paciencia
y ayúdame a ver los Buenos dones recibidos de
ti cada día, hasta los más pequeños. Amén.*

ABRUMADA POR LA VIDA

*[...] En mi angustia invoqué al Señor; llamé a mi Dios, y él
me escuchó desde su templo; ¡mi clamor llegó a sus oídos!*
2 SAMUEL 22.5, 7 NVI

❄

Algunos días, la "cotidianidad" de la vida parece un desgaste sin
fin. Nos levantamos, comemos, trabajamos, descansamos y, al día
siguiente, vuelta a empezar. Luego, cuando la tragedia golpea, nos
vemos arrastrados por el dolor. Lo que una vez parecía viable, ahora
parece un enorme desafío. La depresión clava profundamente sus
garras en nuestro espíritu. El cansancio se establece y nos vemos
abrumados: la vida es dura. Podemos sentir la tentación de preguntar:
"¿Es esto todo?".

Estas son las buenas noticias: Hay más. Dios nunca pretendió
que existiéramos sencillamente. Nos creó para un propósito
específico. Anhela que marquemos una diferencia y mostremos a
los demás su amor y su gracia. Y, lo que es más, jamás nos ha pedido
que nos limitemos a hacerle frente a la vida. Cuando las olas de la
muerte se arremolinan alrededor de nosotros, y la incesante lluvia
de destrucción amenaza con abrumarnos, podemos clamar a nuestro
Padre celestial, sabiendo que él no dejará que nos ahoguemos.
Escuchará nuestra voz, y enviará ayuda.

De modo que, la próxima vez que sientas que no puedes poner
un pie delante del otro, pídele a Dios que te envíe su fuerza y su
energía. Él te ayudará a hacer realidad tu propósito en este mundo
caótico.

*Señor, gracias por fortalecerme cuando la
"cotidianidad" de la vida y las diversas pruebas
amenazan con abrumarme. Amén.*

SATISFECHA EN ÉL

*Pero gran ganancia es la piedad
acompañada de contentamiento.*
1 Timoteo 6.6 rvr1960

Hasta el cristiano más fuerte puede luchar contra el descontento.
Estamos condicionados por el mundo a querer más de todo. Más
dinero, ropa más bonita, una casa más grande, un trabajo mejor
remunerado. Rara vez estamos satisfechas con lo que tenemos.

Y, cuando estamos solteras, la lista de "me gustaría tener esto
o aquello" puede llegar a ser bien larga. Si no conseguimos las cosas
que anhelamos como un marido, hijos, una casa, un coche mejor o
ropa más hermosa, a veces nuestra insatisfacción pasa a actuar con
exageración. ¿Pero qué podemos hacer al respecto?

Hoy, valora lo que Dios ya ha hecho por ti. Echa un vistazo
en los ámbitos de tu vida en los que has estado luchando con el
descontento. ¿Acaso no te ha dado a personas que invierten en tu
vida? ¿No se ha asegurado de que tengas un techo sobre tu cabeza y
comida con que alimentarte? ¿No te ha proporcionado una forma de
ir y venir al trabajo?

En lugar de centrarte en todas las cosas que no tienes, dedica
algún tiempo a alabarle por lo que sí tienes. Ofrece al Señor cualquier
descontento y observa cómo te da un corazón satisfecho.

*Señor, confieso que no siempre estoy satisfecha. Estoy
deseando que la vida sea distinta a veces. Hoy, te doy las
gracias por lo mucho que ya has hecho en mi vida. Toma
mi descontento y sustitúyelo por la paz genuina. Amén.*

GRATITUD

No es que nos consideremos competentes en nosotros mismos. Nuestra capacidad viene de Dios.

2 Corintios 3.5 NVI

❊

En momentos de dificultad o debilidad, cuando las circunstancias parecen sobrepasar nuestro control, oramos. Pero cuando la vida sigue su curso suavemente y la controlamos, resulta fácil olvidar quién es Dios y quiénes somos nosotros.

Las Escrituras nos enseñan que todo viene de Dios, hasta nuestros logros. ¿Has pensado alguna vez que tu currículo es obra de Dios? Cuando alguien se jubila, ¿le damos gracias a Dios por su capacidad de trabajo durante su vida, de contribuir y de proveer? Nuestra buena salud, un hogar estable, amistades profundas y duraderas... ¿quién es el objeto de nuestro reconocimiento?

¿Se te conoce por ser rápida, educada y profesional? ¿Quién te enseñó estas cosas? ¿Quién envió a aquellos maestros a tu vida?

Pasa hoy algún tiempo repasando las cosas ordinarias y buenas de tu vida, las que das por sentado que son tuyas. Haz una pausa para agradecerle a Dios por habértelas dado. Reconoce al Dador detrás de todo lo bueno que has recibido o logrado.

Padre celestial, he estado ciega a la bondad que mora en ti. He pasado mis días con demasiada rapidez y he reivindicado los dones que tú me has concedido como si se debieran a mi propio hacer. Gracias por todos lo que me has dado. Amén.

TOMA MI MANO

Pero no me avergüenzo de ello, porque yo sé en quién he puesto mi confianza y estoy seguro de que él es capaz de guardar lo que le he confiado hasta el día de su regreso.

2 TIMOTEO 1.12 NTV

❋

¿Has tenido ganas alguna vez de abandonar? ¿De tirar la toalla? Algunos días resulta difícil hallar la determinación de perseverar. A pesar de nuestras fragilidades humanas, nuestro Padre celestial está aquí para tomar nuestras manos y volver a ponernos sobre nuestros pies. A él no le impresiona lo que hacemos en la vida, sino cómo afrontamos el día a día. Quiere que le miremos fijamente y que sepamos que está aquí para cuidarnos a pesar de las abrumadoras probabilidades que la vida trae.

Pablo podía haberse rendido. Ese hombre naufragó, fue golpeado, encarcelado y perseguido y, a pesar de todo, siguió alabando al Señor. Predicó las buenas nuevas de Jesús y se enfrentó a las consecuencias de sus actos. Pocos de nosotros nos veremos ante la misma persecución, pero tenemos el mismo Espíritu de Pablo en nosotros. Le dijo a Timoteo que no tuviera remordimientos, porque estaba seguro de Aquel a quien servía.

¿Estás hoy segura de a quién sirves? Cuando afrontas dificultades, ¿acudes al Creador del universo y pides ayuda? Deberías. Él está disponible. Solo alarga tu mano y agarra la suya. Él estará ahí.

Señor, enséñame tu amor. Déjame sentir tu abrazo. Escojo confiar en ti. Amén.

Esperanza

*¿Por qué te abates, oh alma mía, y te turbas
dentro de mí? Espera en Dios; porque aún he
de alabarle, Salvación mía y Dios mío.*
SALMO 42.5 RVR1960

❄

Si alguna vez has estado deprimida, no estás sola. La depresión
puede verse causada por las circunstancias, la biología, el entorno o
una combinación de todas las cosas. La investigación indica que un
veinticinco por ciento de los estadounidenses sufren de depresión en
algún momento de su vida.

Somos bendecidas con relatos bíblicos de personas piadosas
como David y Jeremías que lucharon con depresión. Estas historias
nos hacen saber que sentirse vencida por las dificultades de la vida es
una reacción humana normal.

Aunque sentirse así es normal, no tiene por qué ser la norma.
Como cristianos, tenemos esperanza. Esperanza en que nuestras
circunstancias no siempre serán como ahora mismo. Esperanza
en que independientemente de lo funesta que sea la situación del
mundo, Dios gana al final. Esperanza en que la eternidad está justo al
otro lado.

La esperanza es como un pequeño brote verde que aparece a
través del suelo duro y resquebrajado. Cuando estés deprimida, haz lo
que hicieron David y Jeremías: derrama tu corazón delante de Dios.
Busca ayuda en un amigo de confianza o en un consejero piadoso.

Busca la esperanza. Está a tu alrededor y es tuya para que la
disfrutes.

*Padre, incluso cuando estoy deprimida, sigues siendo
Dios. Ayúdame a encontrar un rayo de esperanza
en medio de las circunstancias oscuras. Amén.*

Un nuevo cántico

Puso en mis labios un cántico nuevo, un himno de alabanza a nuestro Dios.

SALMO 40.3 NVI

❀

David estaba en una mala posición. La describe en los salmos como "pozo de la desesperación... lodo cenagoso". ¿Te has visto alguna vez así?

Una persona que sufre de depresión suele sentirse como si estuviera en un pozo, incapaz de salir. ¡Ciertamente, un pozo no es un lugar de regocijo o de cánticos!

La vida es dura y somos humanos. Cometemos errores. Sufrimos. Fallamos. Perdemos. Nos venimos abajo. Algunas veces no podemos ni ver a Dios a través de la nube gris de la desesperanza.

Tal vez después de perder a un ser querido o pasar por otro tiempo difícil en la vida te sentiste como si nunca más pudieras volver a ser feliz. Afortunadamente, uno de los mayores dones que Dios da a sus hijos es el de un "cántico nuevo".

Si te encuentras en un lugar de tristeza, confía en esto. Llegará un día, una hora, un momento en que Dios transformará la melancolía en gozo. Tus pies se plantarán sobre un monte, al que una vez luchaste por escalar desde el valle.

Sé constante. Estando en la oscuridad confía en lo que él te mostró estando en la luz. El sufrimiento solo es por un tiempo y las misericordias de Dios son nuevas cada día.

Padre, cuando me encuentre en el pozo, pon un cántico Nuevo de alabanza en mi corazón para que pueda vivir de Nuevo una vida de abundancia y de gozo. Amén.

Amor inconmovible

Porque los montes serán quitados y las colinas
temblarán, pero mi misericordia no se apartará
de ti, y el pacto de mi paz no será quebrantado
—dice el Señor, que tiene compasión de ti.

ISAÍAS 54.10 LBLA

❁

Las montañas son constantes e inconmovibles. Ni siquiera las pequeñas partes de ellas son fáciles de mover. Las fuerzas de la naturaleza requieren de siglos o de una tremenda energía para hacerlo. La nieve, los glaciares, los arroyos de las montañas, la lluvia y el viento mueven un grano de arena o una piedrecita a la vez. Los volcanes emiten una tremenda energía para alterar la forma de una montaña. Cuando el hombre quiere construir una autovía a través de una cadena de montaña, necesita el poder de la dinamita para cortar túneles en la roca y la carretera tiene que torcerse y girar para adaptarse al terreno.

Dios dice que su amor es aun más inconmovible. Las montañas se moverán antes de que su amor nos abandone. Las colinas desaparecerán antes de que Dios retire su pacto de paz con nosotros. En el sacrificio de Cristo en la cruz, demostró su asombroso amor por nosotros y Jesús se convirtió en nuestra paz. Romanos 5.1 (RVR1960) declara: "Justificados, pues, por la fe, tenemos paz para con Dios por medio de nuestro Señor Jesucristo". Independientemente de lo que hayamos hecho o hagamos, el amor de Dios está sobre nosotros. Por fe, solo tenemos que creer lo que Jesús ha hecho por nosotros.

Padre, gracias por tu amor inconmovible, por
la permanencia de tu pacto de paz y por mi
justicia que no procede de mis buenas obras,
sino del sacrificio de Cristo por mí. Amén.

FIJA TUS OJOS

*Así que no nos fijamos en lo visible sino en
lo invisible, ya que lo que se ve es pasajero,
mientras que lo que no se ve es eterno.*

2 CORINTIOS 4.18 NVI

❖

El tronco de la majestuosa encina medía casi un metro de diámetro. Durante más de cien años, cada primavera, habían brotado retoños y las hojas habían caído cada otoño. Pero una primavera, las hojas no fueron tan abundantes como en los años precedentes. Aquel verano, se volvieron marrones de repente. Pronto fue dolorosamente evidente que la gran encina blanca había muerto.

Qué recordatorio visual de que las cosas de este mundo perecerán un día. Aunque la encina había vivido muchos años, ya no producía oxígeno, ya no daba sombra al patio trasero. Hasta los árboles tienen un periodo de vida.

Con pocas cosas se puede contar para que duren eternamente. Las almas son eternas, permanecen incluso cuando nuestros cuerpos terrenales se descomponen. Es necesario que veamos más allá de lo físico, centrándonos en lo espiritual. Hay vida más allá de lo que estamos experimentando en este momento.

Usa tu energía y tus recursos en aquellas cosas que durarán: tus relaciones con tu Padre celestial y con los demás. Ama a Dios. Ama a las personas. Entonces no temerás ser cortado como la majestuosa encina. Vivirás hasta la eternidad en la presencia del Señor.

*Amado Señor, ayúdame a mantener un
enfoque y una perspectiva eternos en esta
vida. Permíteme "ver" lo invisible.*

Zapatos rojos de tacón alto

*No se interesen tanto por la belleza externa: los
peinados extravagantes, las joyas costosas o la ropa
elegante. En cambio, vístanse con la belleza interior,
la que no se desvanece, la belleza de un espíritu tierno
y sereno, que es tan precioso a los ojos de Dios.*

1 Pedro 3.3-4 NTV

❋

A los gurús de la moda les encanta decirles a las mujeres cómo deben
vestir. A muchos les gusta recomendar un par de zapatos rojos —de
preferencia atrevidos y de tacón alto— para darle un poco de chispa
al vestuario femenino. Quienes sugieren este consejo dicen que tener
un par de zapatos especiales, cuando una mujer está de bajón o se
siente deprimida, puede darle la vuelta por completo a todo su día, y
la hace sentir hermosa y poderosa.

Aunque las corrientes de la moda son divertidas y todas
queremos vernos acicaladas, no podemos olvidar de dónde vienen
la verdadera belleza y el poder. ¿No fue Jesús quien nos enseñó a
no hacer nuestro tesoro en las cosas físicas como nuestro cuerpo y a
no preocuparnos de dónde vendrá nuestra ropa? Él promete proveer
para nosotros.

Los zapatos se gastan, los collares se rompen y la tela se
descolora, pero la verdadera belleza empieza desde adentro. Cuando
permitimos que Dios vista nuestro espíritu con túnica de amor,
gozo, paz, paciencia, benignidad, bondad, fidelidad, mansedumbre y
templanza, nuestra belleza interior eclipsará cualquier cosa con que
vistamos nuestro cuerpo físico.

*Amado Padre, quiero ser una mujer cuya belleza
interna sobrepase la hermosura externa, para que
cuando las personas me miren se vean dirigidas
a ti y se regocijen en tu creación. Amén.*

RECORDAR LAS MARAVILLOSAS OBRAS DE DIOS

Buscad al Señor y su fortaleza [...]. Recordad
las maravillas que Él ha hecho.
1 CRÓNICAS 16.11-12 LBLA

❋

Jamie pasó los últimos meses de un año de mucho trabajo cuidando de su madre que se hacía mayor, y viajando de casa de sus padres a la suya y vice versa. Hacía varios meses que su padre había fallecido, dejando a su madre con una montaña de papeleo, estrés financiero y negocios sin acabar.

Como hija única, Jamie sintió el peso de la responsabilidad. Y estaba resentida con su padre por no dejar sus asuntos más organizados. Incluso estaba molesta con su madre por apoyarse tanto en su única hija.

Esto ocurría en sus momentos más frenéticos. En sus periodos de mayor lucidez, Jamie recordaba que Dios no solo había sanado a su padre de cáncer una vez, sino dos, y que había disfrutado de una larga vida de ministerio y servicio. Recordaba que su madre había encontrado a un abogado cristiano que las estaba ayudando a resolver el tema de la herencia de su padre cobrándoles solo una parte de sus honorarios habituales. Y se recordó a sí misma que Dios la había guardado en sus viajar semanal, y le había proporcionado un dinero extra justo cuando lo necesitaba para combustible y comida.

¿Qué obras maravillosas ha hecho Dios en tu vida? ¿Cómo las traes a tu memoria? En tiempos de dificultad, es maravilloso mirar atrás en un diario o una Biblia y ver recopiladas su bondad, sus respuestas a las oraciones, y sus intervenciones. Puede mantenerte lúcida y te ayudará a darle gracias, incluso cuando las cosas se ponen difíciles.

Señor, ayúdame a recordar que has hecho
cosas maravillosas por mí. Amén.

TENSIONES FINANCIERAS

Nadie puede servir a dos señores, pues menospreciará a uno y amará al otro, o querrá mucho a uno y despreciará al otro. No se puede servir a la vez a Dios y a las riquezas.
MATEO 6.24 NVI

❋

¿Te pones nerviosa alguna vez cuando ves las noticias y los informes financieros sobre el Mercado de valores? ¿Empieza tu cabeza a dar vueltas cuando ves que los precios suben en la estación de servicio? ¿Puedes sentir que tu corazón se acelera cuando comparas tus facturas con el extracto de tu cuenta bancaria? Aunque muchas de nuestras actividades cotidianas dependan del dinero, es importante recordar que este no es un proveedor ni un sustentador. Solo Dios puede proveer para ti y sustentarte. Cuando empezamos a centrarnos en el dinero y a preocuparnos por él, estamos diciéndole a Dios que no confiamos en él.

Cuando sientas que empiezas a preocuparte por el dinero, detente y pasa a centrarte en Dios. Agradécele por lo que ha provisto para ti y, después, pídele humildemente que te dé sabiduría en cuanto a tu situación financiera. Ten paz al recordar que puedes confiar absolutamente en Dios para que provea para ti y te sustente.

Amado Dios, ayúdame a no preocuparme, sino confiar en que tú proveerás para mí. Ayúdame a prestarte atención solo a ti. Amén.

CABEZA Y HOMBROS, RODILLAS Y DEDOS DEL PIE

Ahora bien, el cuerpo no consta de un
solo miembro sino de muchos.

1 CORINTIOS 12.14 NVI

✳

JoAnn luchaba por encajar con las personas de su vecindario y hasta con los miembros de su iglesia. Se preguntaba si siempre se sentiría como un pez fuera del agua. Convencida de que jamás hallaría su lugar, se retiró a la seguridad de su hogar, donde los libros y el televisor se habían convertido en su principal fuente de consuelo. Poco después dejó de intentar hallar su lugar en el cuerpo de Cristo.

Quizá puedas identificarte con JoAnn. Tal vez estés luchando por encajar. Recuerda, hija de Dios, que él te ha creado de forma exclusiva, con dones específicos. El cuerpo de Cristo está formado por muchos miembros, de todas las edades, colores, formas y tamaños, con una variedad de dones espirituales.

Toma hoy la decisión consciente de no retirarte. Aunque hayas luchado ya por encajar, inténtalo otra vez. Ora sobre los dones específicos que Dios ha puesto en ti, y pregúntale —y a los líderes de tu iglesia— dónde puedes servirle mejor. Te sorprenderías al ver las nuevas direcciones en las que el Señor te guiará.

Padre, no siempre sé dónde encajo. A veces siento
que no hay lugar para mí ni en la iglesia. Sé que soy
parte de tu cuerpo, y que todas las partes funcionan
al unísono. Por tanto, aviva los dones, Señor, y
colócame allí donde pueda ser más eficaz. Amén.

Extiende el brazo

*Pero los que no son espirituales no pueden recibir
esas verdades de parte del Espíritu de Dios.
Todo les suena ridículo y no pueden entenderlo,
porque sólo los que son espirituales pueden
entender lo que el Espíritu quiere decir.*
1 Corintios 2.14 NTV

❄

Imagina que estás visitando Francia, pero que no puedes hablar el idioma. Dondequiera que vas, todos conversan en una lengua que no puedes descifrar. Aunque estás perdido, pedir indicaciones parece inútil. Conduces tu auto dando vueltas, sin rumbo, confundido por las señales de tráfico que no tienen sentido para ti. Las personas te tocan la bocina cuando entras en las salidas y te gritan mientras giras en las rotondas. Por mucho que estés poniendo de tu parte, los franceses te juzgan como a un idiota.

Del mismo modo, los creyentes pueden sentirse confundidos al transitar por el territorio de la verdad espiritual tan poco familiar para ellos. No tienen la capacidad de entender, porque no tienen al Espíritu Santo como maestro para guiarlos. Es posible que la Biblia no tenga sentido para ellos, pero no te apresures a juzgarlos. ¡La esperanza no está perdida!

Es probable que Dios haya colocado a inconversos en tu vida a los que quiere que extiendas tu brazo. Comparte tu fe con ellos en palabras y hechos que puedan entender. Pide al Señor que abra sus corazones para recibir a Jesús como Señor y Salvador. Entonces el Espíritu Santo morará en ellos y les dará la capacidad de entender la verdad espiritual. ¡Ora para que estos "turistas" perdidos encuentren pronto a Jesús!

*Amado Señor, ayúdame a no juzgar a los que no te
conocen. En vez de ello, haz que pueda orar para que
tú intercedas y les muestres el camino. Amén.*

ÁNGELES PROTECTORES

*Porque él ordenará que sus ángeles te
cuiden en todos tus caminos.*
SALMO 91.11 NVI

La ranchera quedó completamente destrozada después de ser
alcanzada por la zaga por un camión semirremolque. Después de dar
varias vueltas de campana, aterrizó en posición vertical. Las piezas
rotas del vehículo estaban esparcidas por toda la carretera.

Resultaba difícil de imaginar que alguien hubiera sobrevivido a
semejante accidente, pero los cinco ocupantes —un matrimonio y sus
tres nietas— se apartaron de la escena con heridas leves.

¿Has experimentado alguna vez un accidente milagroso como
este? No fue la suerte la que los mantuvo a salvo; fueron las manos
protectoras de los ángeles de Dios que vigilan y mantienen tu
seguridad, como lo hicieron por esta familia de la ranchera.

Siéntete muy reconfortada al saber que Dios te ama tanto que
un grupo de élite de las huestes celestiales te están guardando y
protegiendo.

*Amado Señor, no importa donde vaya, en mi corazón
siempre sé que tus ángeles están conmigo noche
y día, manteniéndome a salvo en todo. Amén.*

JUSTICIA SISTEMÁTICA, PAZ CONSTANTE

¡Ah, si sólo hubieras hecho caso a mis mandatos! Entonces habrías tenido una paz que correría como un río manso.
ISAÍAS 48.18 NTV

❋

Las personas se ven atraídas por los cuerpos de agua. Escoge cualquier lugar de la tierra donde haya un hermoso mar, un lago o un río, y allí encontrarás hoteles, cabañas, barcos, puertos deportivos, muelles, todo lo que se asocia con estar cerca del mar y disfrutar de él. Muchos de nosotros podemos relajarnos fácilmente cerca del agua. En la orilla, nos sentimos arrullados por el ritmo de las olas en su incesante vaivén. Al borde de un río, la corriente nos fascina. Su curso siempre se dirige aguas abajo, es una provisión de agua sin fin que pasa por delante de uno.

Isaías 48 nos dice que si seguimos los mandamientos de Dios, nuestra paz será constante como un río y nuestra justicia tan sistemática como las olas en la orilla. Por otra parte, el resultado de desobedecer los mandamientos de Dios es un estilo de vida incoherente y una paz interrumpida. Deberíamos examinar nuestra vida a la luz de la Palabra de Dios, pidiéndole al Espíritu Santo que revele los ámbitos donde no seguimos sus preceptos. Cuando confesamos nuestro pecado, él es fiel para perdonarnos y podemos empezar de Nuevo. Podemos pedirle que nos ayude a creer que su camino es justo y que nos dé el deseo y la resolución de seguirle.

Señor, muéstrame los ámbitos de mi vida en los que no te estoy prestando atención. Guíame a la justicia sistemática y a la paz constante. Amén.

Lenta, incesante y seguramente...

*Esta visión es para un tiempo futuro. describe el
fin, y éste se cumplirá. Aunque parezca que se
demora en llegar, espera con paciencia, porque
sin lugar a dudas sucederá. No se tardará.*
HABACUC 2.3 NTV

❄

¡Ah la paciencia! Es de lo que se compone la frustración. Y, a pesar
de ello, es una virtud de la que el Señor espera que su pueblo tenga
abundancia.

En este frenético mundo queremos lo que queremos y lo
queremos *ahora*. No nos gusta tener que esperar. Y, para la mayoría
de las cosas no tenemos por qué hacerlo. Los microondas aceleran el
proceso de cocción. Los restaurantes de comida rápida nos ponen en
la mano nuestra comida mientras pasamos por el túnel de servicio.
El acceso a Internet nos proporciona comunicación instantánea con
personas, lugares y cosas de todo el mundo. Y el teléfono celular nos
ofrece la posibilidad de conectar con amigos a toda prisa.

¡Si tan solo pudiéramos aprender el valor de desacelerar, de
esperar en la presencia de Dios! Echa otro vistazo al texto bíblico
de hoy. A veces las cosas que esperamos llegan con lentitud. De la
misma manera, los planes de Dios también pueden suceder a paso
lento, pero lo hacen de una forma constante y segura. Dios va a
hacer lo que afirma que hará. No sabemos exactamente cuándo, pero
podemos ser halladas fieles mientras esperamos.

¿Qué esperas hoy? ¿Se está agotando tu paciencia? Aplica el
principio de lo lento, constante y seguro y observa cómo trabaja
Dios... en su tiempo.

*Señor, estoy acostumbrada a que las cosas se muevan
con verdadera rapidez. Sin embargo, me encuentro en un
periodo de espera. Dame paciencia, Señor, y recuérdame
a diario que tu calendario es el único que importa. Amén.*

PERDONA... Y VUELVE A PERDONAR

*Luego Pedro se le acercó y preguntó: Señor,
¿cuántas veces debo perdonar a alguien que
peca contra mí? ¿Siete veces? No siete veces
—respondió Jesús—, sino setenta veces siete.*
MATEO 18.21-22 NTV

❋

La abuela de Mónica se había pasado de la raya una vez más. En cada
reunión familiar, sin excepción, Nana empezaba con las preguntas
y las hirientes observaciones. La cena de Pascua fue otra de esas
ocasiones: "Mónica, ¿por qué no tienes novio aún?". "¿No oyes
cómo suena tu reloj biológico?". "Como parece que no eres capaz
de encontrar a nadie, creo que deberías inscribirte en uno de esos
servicios para buscar pareja".

A veces, las personas —hasta las más queridas— dicen y hacen
cosas hirientes que nos dejan bastante tristes o ultrajados. Tal vez
se den cuenta de que nos han hecho daño y pidan perdón por ello,
pero, con frecuencia —como la abuela de Mónica— creen que están
ayudando y nunca se enteran del dolor que te están causando.

En lugar de guardarles resentimiento, Jesús tiene otra
respuesta: entrégale a él el dolor y perdona. No solo una o dos veces,
sino una y otra vez... y otra. El perdón es un proceso que solo tiene
éxito con la ayuda de Dios. Después de todo, él es el ejemplo perfecto
de perdón ya que nos perdona una y otra... y otra vez.

*Jesús, tú conoces la lucha que tengo en mí para perdonar
a quien me hiere. Dame la fuerza que necesito para
dejar ir por completo los malos sentimientos que tengo y
perdonarlos así como tú me has perdonado a mí. Amén.*

PIENSA EN ESTO

*Todo lo que es verdadero, todo lo honesto, todo
lo justo, todo lo puro, todo lo amable, todo lo
que es de buen nombre; si hay virtud alguna, si
algo digno de alabanza, en esto pensad.*
FILIPENSES 4.8 RVR1960

❋

Bromeando, las amigas de Jessica la llamaron obsesiva y, muy dentro
de ella misma, ella supo que tenían razón. Pero no podía evitarlo. Una
vez que empezaba a preocuparse por algo, ya no podía detenerse.

Últimamente había estado intranquila por su hermano que
estaba sirviendo en el ejército en ultramar. No podía dejar de pensar
en las cosas que le podían ocurrir y esto empezaba a interferir en
su vida. Se pasaba horas online a diario, leyendo todo lo que podía
encontrar sobre el país en el que él estaba sirviendo. Tras unos
cuantos meses se volvió retraída y deprimida, y no quería abandonar
la casa ni su computadora ni siquiera por unas cuantas horas.

Nuestros patrones de pensamiento pueden influir
poderosamente en nuestras emociones. Esto no es una sorpresa para
los estudiantes de las Escrituras: la Palabra de Dios nos dice que
pensemos en las cosas positivas, que edifican, dignas de alabanza y
verdaderas. Y con razón. Cuando nos recreamos en ideas funestas,
empezamos a creerlas. Y, cuando esto sucede, comenzamos a
sentirnos derrotadas y deprimidas. Los pensamientos positivos
tienen el efecto opuesto y pueden marcar una extraordinaria
diferencia en nuestra perspectiva de la vida. ¿Qué pensamientos
negativos necesitas eliminar hoy?

*Señor, perdóname por haber permitido que los
pensamientos negativos y autoderrotistas me
depriman. Ayúdame a pensar en las cosas que
te honran; gracias por la forma en que estas
cambian mi actitud y mi corazón. Amén.*

SENCILLAMENTE ABSURDO

El corazón alegre es buena medicina.
PROVERBIOS 17.22 LBLA

❋

Jeanne Calmont murió a la edad de 122, sobrevivió a diecisiete presidentes franceses y entró en el *Libro Guinness de los records* como la mujer más vieja del mundo. Cuando le preguntaron cuál era el secreto de su longevidad, ella respondió: "¡La risa!".

Es un hecho científicamente demostrado que la risa baja la presión sanguínea y fortalece el sistema inmunológico. Ayuda a vencer la depresión. En resumen, la risa es una buena medicina. Una "cucharada" cada día añadirá mucho a nuestra vida.

Pablo sentía tanto gozo que cantaba y ganó a sus carceleros para Cristo. Imagina el efecto que podríamos tener hoy sobre nuestro mundo si nuestro rostro reflejara el gozo del Señor todo el tiempo: en el trabajo, en casa, en el tiempo libre. Jesús declaró: "Les he dicho esto para que tengan mi alegría y así su alegría sea completa" (Jn 15.11; NVI).

¿Está tu copa llena de gozo? ¿Te has reído hoy? No una pequeña sonrisa, sino una carcajada. Tal vez sea tiempo de buscar algo de lo que reír, para saborear el gozo. Jesús lo sugirió.

Señor, ayúdame a encontrar gozo hoy. Haz
que me ría y que alabe al Rey. Amén.

¡CONFÍAS EN ÉL, O NO!

*Confía en el SEÑOR con todo tu corazón, y no te
apoyes en tu propio entendimiento. Reconócele en
todos tus caminos, y El enderezará tus sendas.*
PROVERBIOS 3.5–6 LBLA

❋

"Confiar en el Señor no siempre es fácil", comentó Candace en su
estudio bíblico para mujeres, después de leer Proverbios 3.5-6.

"Tienes razón; no siempre resulta fácil, pero es sumamente
sencillo. Confías en él o no", replicó Sandy.

¡Esta sí que era una frase esclarecedora! Iba directa al grano. Las
verdaderas amigas suelen decir la verdad tal como la ven.

El mundo está lleno de pruebas personales y, con frecuencia,
luchamos a solas con ellas. Es posible que estemos preocupadas por
las finanzas. La repentina pérdida de un miembro de la familia o de
un amigo puede entristecernos o deprimirnos. Una buena amistad
puede sufrir tensión por un malentendido o por pura maldad.
Cualquiera que sea la situación, a menudo las pruebas nos dejan con
un sentimiento de angustia y confusión.

Si te estás enfrentando hoy a una prueba difícil, prueba a confiar
en el Señor con todo tu corazón. No solo con un trocito, sino con la
totalidad de tu corazón. No intentes resolver las cosas. Dios ya las
tiene bajo control y posee todas las respuestas a tus preguntas no
contestadas.

Recuerda, en realidad es sumamente sencillo: Confías en él o no.

*Amado Señor, confío en ti con todo mi corazón
y mi ser. Te reconozco como Señor de mi vida.
Gracias por hacerlo tan fácil. Amén.*

¿QUÉ ESTÁ ESCRITO EN TU CORAZÓN?

*Grábate en el corazón estas palabras que
hoy te mando. Escríbelas en los postes de tu
casa y en los portones de tus ciudades.*
DEUTERONOMIO 6.6, 9 NVI

❋

En muchos hogares judíos actuales hay una pequeña cajita pegada al quicio de la puerta. Dentro de ella hay un diminuto rollo que contiene las palabras de Deuteronomio 6.9. Se conoce como *mezuzah* y sirve de recordatorio tangible del antiguo pacto de Dios con los israelitas y su deseo de tener el primer lugar en sus vidas.

En el Antiguo Testamento, la ley de Dios se escribió en rollos y fueron pasando de generación en generación. En el Nuevo Testamento vemos que Jesús cumplió el antiguo pacto y, a la vez, introdujo uno nuevo. Este está escrito en nuestros corazones (cp. He 10.16). La Palabra de Dios es nuestro rollo y confirma las verdades que él ya ha escrito en nuestros corazones por medio del Espíritu Santo. A pesar de esto, a veces los olvidamos.

¿De qué forma práctica puedes recordarte a ti misma, cada día, la verdad de la Palabra de Dios? Copia versículos en tarjetas para llevarlas contigo, o, mejor, apréndelos de memoria. Escucha la Biblia en cintas o cánticos compuestos a partir de las Escrituras. Hagas lo que hagas, busca constantemente nuevas formas de recordar la verdad que Dios ha escrito en tu corazón.

*Padre, gracias por escribir tu verdad en mi
corazón. Ayúdame a buscar recordatorios
tangibles de tu verdad. Amén.*

A PUNTO DE AGOTAR LAS FUERZAS

Observé algo más bajo el sol. El corredor más
veloz no siempre gana la carrera y el guerrero
más fuerte no siempre gana la batalla.
ECLESIASTÉS 9.11 NTV

❄

Jan luchaba por ser la mejor en todo lo que intentaba. Trabajaba más duro que nadie en su oficina, se unía casi a todos los ministerios de su iglesia, impartía maravillosos estudios bíblicos y daba las mejores fiestas en su grupo de mujeres. Era la mejor cocinera, la que mejor se vestía, la que mejor cuidaba su hogar y nunca se la veía en público sin su mejor cara.

Solo había un problema. Jan no tardó mucho en "quedarse sin combustible". Poco le quedaba para dar. Su afán de parecer perfecta ante un mundo observador se derrumbó a su alrededor. No solo no era perfecta, sino que ya no podía mantener su loca agenda.

¿Puedes identificarte con esta mujer? ¿Te estás esforzando demasiado? ¿Estás siempre corriendo de un lado para otro, implicándote en una docena de cosas? ¿Mantener las apariencias se ha convertido en un problema? Cuidado. Es posible que no tardes en sentirte también a punto de agotar tus fuerzas.

Señor, ¡estoy tan cansada! He abarcado demasiado.
Mi corazón estaba en el lugar correcto, pero en algún
punto del camino me he desviado. Redirígeme, Padre.
Muéstrame qué debo dejar y qué mantener. Amén.

Un corazón hospitalario

*Fue bautizada [Lidia] junto con otros miembros de su
casa y nos invitó a que fuéramos sus huéspedes. «Si
ustedes reconocen que soy una verdadera creyente
en el Señor —dijo ella—, vengan a quedarse en mi
casa». Y nos insistió hasta que aceptamos.*

Hechos 16.15 ntv

❈

Lidia, vendedora de púrpura, trabajaba duro en su negocio. La Biblia
no nos dice mucho más sobre ella, excepto que era adoradora de
Dios.

Un día, durante sus viajes, Pablo y sus compañeros se
detuvieron a orar junto al río, fuera de la puerta de la ciudad
de Filipos. Allí se encontraron con un grupo de mujeres entre
las que estaba Lidia. Ella escuchó el mensaje de Pablo y aceptó
a Jesús. Después de que fuera bautizada, insistió en que los
hombres fueran a su casa con ella como invitados. Como era
habitual para una anfitriona, probablemente preparó la comida y la
sirvió, proporcionándoles un lugar para descansar y orar: Mostró
hospitalidad en el nombre del Señor.

Puedes seguir el ejemplo de Lidia. Sea tu casa pequeña o
grande, puedes escoger ser hospitalaria. Invita a una amiga que
necesite recuperar energía a que coma contigo durante la semana.
Pide a una madre soltera y a sus hijos que vengan a tu casa para
cenar pizza y ver una película. Si unos vecinos mayores no pueden
salir, ¡llévales tu hospitalidad! Hornea unas galletas o llévales flores
de tu jardín.

*Padre, dame un corazón hospitalario. Que siempre
pueda servir a los demás en tu nombre. Amén.*

CONTENTAMIENTO

La paz en el corazón da salud al cuerpo; los
celos son como cáncer en los huesos.
PROVERBIOS 14.30 NTV

❄

Dawn nunca estaba contenta. Justo cuando estaba a punto de tener su apartamento decorado como ella quería, una amiga compraba un mueble nuevo o pintaba una habitación y, de repente, ella quería tener algo parecido. Buscaba online, en catálogos y tiendas, para conseguir el atuendo, el abrigo o el bolso perfectos, y, cuando por fin lo compraba, cuestionaba su decisión.

El problema de Dawn era que nunca estaba en paz. Se comparaba constantemente con otras personas y cotejaba sus cosas con las de ellas. En el juego de la comparación, Dawn y sus cosas nunca ganaban. Lo que otros tenían siempre era mucho mejor.

Proverbios nos advierte contra caer en esta peligrosa trampa. Cuando nos comparamos con otros nos volvemos envidiosos y esta envidia crece como el cáncer, rápidamente y fuera de control. Puede provocar el caos en nuestra vida interior, porque nunca estamos satisfechas, nunca estamos en paz.

La forma más rápida de evitar la trampa de la comparación es adoptar una actitud de agradecimiento, centrar en lo que tenemos y no en lo que no tenemos, y conseguir la paz recordando que no hay nada en este mundo que pueda satisfacer nuestras almas de verdad. Para la verdadera satisfacción debemos acudir a Dios y solo a él.

Padre celestial, gracias por todo lo que provees
para mí. Guarda mi corazón de compararme
a otros. Ayúdame a estar en paz. Amén.

TENGO EL GOZO, GOZO, GOZO, GOZO...

Me has dado a conocer la senda de la vida; me llenarás de alegría en tu presencia, y de dicha eterna a tu derecha.
SALMO 16.11 NVI

❋

Una cosa es estar soltera y otra ser una soltera *feliz*. Tal vez leas estas palabras, te encojas y preguntes: "¿Cómo podría ser una soltera feliz?". Oh hija de Dios ¡puedes! En realidad tu soltería te coloca en el punto perfecto para la felicidad, porque tienes tiempo que derramar en tu relación con tu Padre celestial, el dador mismo de la felicidad.

Nuestro Dios creador es un dador de gozo, y lo vierte cuando más lo necesitas. En tu momento más bajo, él está allí, preparado para llenarte de esa clase de gozo efervescente. ¡Y qué maravilloso es saber que a su diestra hay dicha para siempre! ¡Para siempre! Eso es demasiado tiempo. ¡Mucho más que cualquier relación terrenal, desde luego!

Pasa hoy tiempo con el Señor. Entrégale tus frustraciones y tus temores. Pídele que los sustituya por su gozo arrollador. Después, empieza a vivir ese gozo en todos los demás ámbitos de tu vida.

Oh Señor, hoy necesito tu gozo efervescente. Gracias por recordarme que eres el dador de gozo y que quieres que sea feliz, no solo en mi soltería, sino en todos los aspectos de la vida. ¡Derrama tu gozo, Padre! Amén.

CONOCIDA POR DIOS

Pero el que ama a Dios es conocido por él.
1 CORINTIOS 8.3 NVI

❋

¿Cómo demostramos que amamos a Dios? ¿Asistiendo a la iglesia? ¿Ofrendando? ¿Haciendo buenas obras? ¿Orando? Estas pueden ser manifestaciones de nuestro amor por Dios, o cosas que hacemos por el sentido del deber; pero amar a Dios es, primero y principal, una respuesta a ser conocida y amada por Dios. No podemos exhibir emoción o sentimiento hacia Dios ni le amamos obligándonos sencillamente a realizar actos de obediencia. Empezamos a amar a Dios cuando captamos lo que significa ser conocidas por él.

Él nos formó en el vientre de nuestra madre.

Conoce el número de cabellos de nuestra cabeza.

Conoce cada rasgo de nuestra personalidad y nos dio todo el talento que tenemos.

Nos acepta como somos por el sacrificio de Cristo por nosotras.

Se compadece de nuestra debilidad.

Perdona nuestros pecados.

Anhela tener comunión con nosotras.

Se deleita en escuchar nuestras oraciones.

Desea ayudarnos, fortalecernos y bendecirnos.

Nos ha dado su Espíritu Santo como consolador, ayudador y maestro.

Quiere todo esto para nosotras incluso antes de que acudamos a él en arrepentimiento. Necesitamos volver a familiarizarnos a menudo con el evangelio, meditar en lo que Cristo ha hecho por nosotros y recordar que él nos amó primero.

*Señor, renueva mi amor por ti. Ayúdame a
recordar que me conociste y me amaste antes
de que yo te conociera a ti. Amén.*

SIN PREOCUPACIONES

Así que no se preocupen por el mañana, porque el día de mañana traerá sus propias preocupaciones. Los problemas del día de hoy son suficientes por hoy.

MATEO 6.34 NTV

✳

¿Qué pensamientos te mantienen despierta por la noche? ¿Las finanzas? ¿Las relaciones? ¿El trabajo? ¿La salud o la familia? Las preocupaciones son innatas en las mujeres, pero vivir en un estado constante de temor no es lo que Dios quiere para nosotras, sus hijas amadas.

Si somos sinceras con nosotras mismas, admitiremos que, a veces, nos aferramos a nuestras preocupaciones pensando que, manteniéndolas cerca, tenemos el control de la situación. En realidad, la mayoría de nuestras inquietudes conciernen a cosas que están por completo fuera de nuestra mano.

En lugar de esto, Jesús nos ofrece la libertad de nuestras cadenas de preocupación. Nos dice: "Confía en mí en vez de apoyarte en ti misma. Entrégame las cosas que te causan ansiedad. ¿Cómo puedes dudar de que cuidaré de ti cuando significas tanto para mí?".

Confía hoy en las tranquilizantes palabras de Jesús en cuanto a que se cuidará de ti. Pídele que te ayude a abandonar tu naturaleza afanada y que la sustituya por un espíritu de alabanza y agradecimiento. No ocurrirá de la noche a la mañana, pero pronto sentirás la verdadera libertad de la preocupación que solo Jesús puede proporcionar.

Jesús, tú conoces el precio que mis preocupaciones imponen sobre mi corazón y mi mente. No quiero aferrarme a estos pensamientos negativos, ¡pero es difícil soltarlos! ¡Ayúdame a colocar todas mis preocupaciones en tus capaces manos para que pueda tener la libertad de alabarte como tú mereces! Amén.

El supremo consejo de belleza

*Engañoso es el encanto y pasajera la belleza; la
mujer que teme al Señor es digna de alabanza.*
Proverbios 31.30 nvi

❈

Vivimos en un mundo consciente de la belleza. Las portadas de
las revistas, las vallas publicitarias, los anuncios y los espectáculos
de televisión intentan decirnos lo que nosotras, las mujeres,
necesitamos para tener el mejor aspecto. La imposición: "Tengo que
estar bella" nos impulsa a comprar maquillaje, ropa, zapatos y otras
"necesidades".

No tiene nada de malo lucir lo mejor posible. De hecho, es
algo bueno. Pero si te obsesionas con tu aspecto, tus prioridades
no tendrán un equilibrio. Recuerda, la verdadera belleza viene del
interior. ¿De qué sirve molestarte en tener el cabello bien arreglado y
el rostro maquillado si sigues teniendo una expresión de amargura?
Además, la belleza externa es pasajera. Más tarde o más temprano te
alcanzarán las manecillas del reloj.

Acude a la Palabra de Dios para la definición de la verdadera
belleza. Procede de los lugares más internos y se desarrolla pasando
tiempo en la Palabra y en estrecha relación con el Señor. Hasta la
mujer más corriente luce con el resplandor de Dios cuando ha pasado
tiempo con él. No hay crema facial que se aproxime a este resultado.

*Señor, quiero que se me vea como una mujer hermosa,
no solo en mi exterior, sino, sobre todo, en mi interior.
Enséñame tus consejos de belleza, Padre. Dame el
resplandor celestial que solo viene de lo alto. Amén.*

ECHA UNA MANO

¿Cuál de estos tres piensas que demostró ser el prójimo
del que cayó en manos de los ladrones? —El que se
compadeció de él —contestó el experto en la ley.
—Anda entonces y haz tú lo mismo —concluyó Jesús.
LUCAS 10:36-37 NVI

❃

La mujer pulsó el interruptor de apertura de la puerta de su garaje y entró en este con su coche. Antes de apearse, cerró la puerta con la intención de entrar y cenar. En ningún momento se dio cuenta de la bicicleta tirada sobre la hierba ni del niño tumbado sobre el asfalto. Envuelta en la capa protectora de su propio hogar, siguió con sus asuntos.

Con demasiada frecuencia seguimos un patrón similar. Estamos muy ocupadas en la vida: trabajo, iglesia, familia, ejercicio, diversión, y ni siquiera nos encontramos con nuestros vecinos, y mucho menos llegamos a conocerlos.

Aunque es bueno ser prudente, la parábola del Buen Samaritano nos dice de ayudarnos los unos a los otros. El implicarnos no solo le proporciona a una persona la ayuda que necesita, sino que expande el alcance de nuestro corazón. Nos convertimos en Jesús para los demás, propagando amor y amabilidad, aumentando nuestro testimonio.

Mantengámonos alerta para las ocasiones en que podamos ayudar a un prójimo. Queremos ser sabias, escoger con cuidado y amar abiertamente.

Padre, gracias por tu benevolencia. Dame apertura
para compartir tu amor con los demás. Amén.

APRECIA LO QUE TIENES

*No codiciarás la casa de tu prójimo, no codiciarás
la mujer de tu prójimo, ni su siervo, ni su criada, ni
su buey, ni su asno, ni cosa alguna de tu prójimo.*
ÉXODO 20.17 RVR1960

❋

El diccionario define el término *codiciar* como "tener un fuerte deseo
de poseer algo que le pertenece a otra persona".

Está bien querer algo. El peligro surge cuando queremos *lo que
tiene otro*. Probablemente no luches con codiciar el asno, el buey o
el siervo de tu prójimo, como sugiere el mandamiento. ¿Pero podría
tratarse de que te gustaría que el marido de tu amiga fuera tu esposo?
¿La piscina de tu vecino? ¿El talento de uno de tus hermanos? ¿La
fama de una estrella?

Cuando Dios dice que "no debemos", hemos de prestar
atención. Sus mandamientos son para nuestro bien. Presta atención
cuando sientas un deseo por lo que no es tuyo. Aprecia tus propios
dones, bendiciones y pertenencias. Un llamado aún más alto es ser
feliz por los demás en sus logros cuando adquieren posesiones.

*¡Dios, has derramado tantas bendiciones
sobre mí! Dios, protege mi corazón de desear
lo que le pertenece a otros. Amén.*

LUZ FRENTE A LA OSCURIDAD

Pero si andamos en luz, como él está en luz,
tenemos comunión unos con otros, y la sangre de
Jesucristo su Hijo nos limpia de todo pecado.
1 JUAN 1.7 RVR1960

❋

Nuestro mundo nos ofrece elecciones sin fin. Existen multitudes de sendas oscuras por las que descender, pero solo una que ofrece verdaderamente luz. Cuando escogemos caminar con Jesús —la luz del mundo que ahuyenta la oscuridad— él proporcionará la iluminación que necesitamos para hacer las elecciones de cada día.

En ocasiones puedes sentirte tentada a tomar un atajo por la oscuridad. Puede parecer que no hace una gran diferencia. Satanás puede convencerte de que hacer una cosa "solo por una vez" no tendrá verdaderas consecuencias. Engañó a Adán y Eva de esa forma en el Jardín del Edén cuando les ofreció el fruto del único árbol que Dios había prohibido.

A veces, las elecciones que el mundo te ofrece pueden ser atractivas. Pero todo lo que tenga el potencial de estorbar tu caminar con Cristo es peligroso.

¿Cómo permanecemos en la luz? Le pedimos al Espíritu Santo que nos guíe y, cuando nos inunda un sentimiento de incomodidad en cuanto a una elección, le prestamos atención. Puede resultar difícil decir que no, pero la compensación por la obediencia será grande.

Anda con otras que caminan con Cristo. Si no tienes amigas cristianas, toma la iniciativa de asistir a un pequeño grupo de estudio bíblico de la iglesia, y, probablemente, harás amigas como beneficio colateral. Las amigas cristianas pueden marcar toda la diferencia a la hora de evitar los caminos incorrectos.

Padre de luz, ayúdame a ser sensible a tu Espíritu
Santo. Haz brillar tu luz en mi vida. Amén.

CLAMA A DIOS

*Clama a mí y te responderé, y te daré a conocer
cosas grandes y ocultas que tú no sabes.*
JEREMÍAS 33.3 NVI

❋

¿Adónde acudes cuando necesitas respuestas? ¿A las amigas, a
Internet, a tu padre o madre, a tu novio o a un ministro?

Todos estos recursos pueden ser grandes bendiciones en
nuestra vida. Todas necesitamos comunión cristiana y consejos
piadosos, sobre todo cuando nos sentimos confusas o inseguras
con respecto a lo que debemos hacer. Pero la próxima vez que estés
deprimida o inquieta —cuando descubras que tu mente va a mil por
hora con preguntas y el futuro parezca demasiado grande como para
enfrentarse a él— clama a Dios.

Él es soberano. Es antes y después que todas las cosas. Es
Espíritu. A pesar de ello, es accesible a todos y cada uno de sus hijos
en cualquier momento. No te impondrá sus caminos. Nuestro Dios
nos da mucha elección en esta vida, mucho libre albedrío. Pero quiere
revelarnos sus caminos. Confía en él. Te develará lo desconocido
según él lo estime mejor.

*Dios, enséñame a clamar a ti cuando, en vez de ello,
me sienta tentada a recurrir a los demás. Gracias
por ser un Padre que anhela revelarse a mí. Amén.*

PERSEVERAR

Bienaventurado el hombre que persevera.
SANTIAGO 1.12 LBLA

❋

Un niño jugaba con un superhéroe inflable. Cuando le dio un puñetazo a la gran figura, se fue hacia atrás para rebotar de nuevo y erguirse sobre su base redonda. A pesar del continuo aporreamiento, nada de lo que el niño hacía podía mantener al superhéroe en el suelo, boca arriba.

Podemos sentirnos como el superhéroe de juguete: las situaciones que no podemos controlar nos derriban. Perdemos el equilibrio y nos quedamos sin respiración. En esos momentos, necesitamos adoptar nuestra propia capacidad de rebotar.

El libro de Santiago nos alienta a perseverar para que podamos conseguir "la corona de vida que Dios ha prometido a quienes lo aman" (Stg 1.12; NVI). Nos recuerda que Dios está con nosotros. Cuando Satanás ataca, descubre nuestro talón de Aquiles y nos arrolla, necesitamos cavar en profundidad en los depósitos de la fe, acceder a la Palabra de Dios y surgir de nuevo, peleando la batalla que él pone delante de nosotros. Podemos ser pasivas o ser destruidas.

La perseverancia significa permanecer en la lucha y negarse a abandonar. Esta actitud nos capacita y hace que la mentalidad de víctima se disipe. Construye confianza, una lucha a la vez. Sigue perseverando; es una poderosa herramienta en la vida.

Señor, dame la fuerza para levantarme de la alfombra
y seguir. Escojo creer en tus promesas. Amén.

El bolso bien provisto

*Podemos hacer nuestros planes, pero el
Señor determina nuestros pasos.*
PROVERBIOS 16.9 NLT

✻

¿Has observado alguna vez como la mujer lleva un bolso, una pañalera, una bolsa de playa y otros bolsos adecuados para la ocasión, mientras que los hombres llevan las manos vacías? Atiborra su bolso de todo tipo de cosas, desde un tentempié hasta un estuche de costura, y hasta papel higiénico. Él se mete la cartera en el bolsillo y ya está listo para salir.

Las mujeres quieren estar preparadas para todas y cada una de las crisis que puedan surgir, mientras que la mayoría de los hombres imaginan que encontrarán, harán o producirán todo lo que necesiten si se cruza una emergencia en su camino. Las mujeres no entienden lo que parece ser descuido por parte de los hombres, pero así son las cosas.

Nosotras, las mujeres, podemos planear cada movimiento que vamos a hacer, pero toda la planificación que realicemos no podrá mantener los problemas a raya. Podemos acumular todas las cosas en nuestra persona, en nuestro auto y en nuestra casa, y pensar que conseguiremos que el problema sea manejable, pero no pueden contener la inundación de emociones que vienen con una crisis.

Solo Dios sabe lo que traerá mañana, y conoce las herramientas que necesitaremos para salir de cualquier situación en concreto. Ningún paquete de pañuelos de papel o tijeras de bolsillo van a ser más útiles que un espíritu calmado que confíe en el Señor.

*Señor, ayúdame a tener en mí un espíritu lleno
de paz en todo momento, y a confiar en ti para
guiarme y suplir mis necesidades en cualquier
senda por la que me puedas llevar. Amén.*

Qué darle a Dios

*Así que ofrezcamos continuamente a Dios, por medio
de Jesucristo, un sacrificio de alabanza, es decir,
el fruto de los labios que confiesan su nombre.*
Hebreos 13.15 NVI

❋

¿Qué podemos darle a Dios por todo lo que ha hecho por nosotros a través de Cristo? El único regalo verdadero que tenemos para ofrecer es la alabanza.

En Hebreos 13.15 está implícito un recordatorio de nuestra identidad como pecadores con una desesperada necesidad del precioso don de justicia por medio del sacrificio de Jesús por nosotros. Nuestra propia justicia, que consiste en nuestros propios esfuerzos humanos, era como trapos de inmundicias para Dios. Solo la justicia de Cristo pudo satisfacer la divina justicia de un Dios santo.

Jesús estaba dispuesto a vivir entre nosotros, a sufrir y a morir en la cruz por nosotros. Cambió su vida por la nuestra. Tomó nuestra suciedad y nuestro castigo y nos dio su justicia y su vida eterna. Dios nos recibió basándose en este intercambio.

¿Cómo respondemos? Con un sacrificio de oración y alabanza. Dios desea oír nuestras alabanzas a Jesús, que hablemos de él con gratitud o que reconozcamos la gran necesidad que tenemos de él. Ora en su nombre. Pide las cosas que Jesús prometió. Vuelve a elevar las propias palabras de Jesús a su Padre en el cielo. A Dios le complace nuestra fe en Jesús y nuestro sacrificio de alabanza.

*Padre, te alabo por revestirme de la justicia de Cristo.
Que mi vida refleje su gracia transformadora. Amén.*

Un corazón "guardado"

Sobre toda cosa guardada, guarda tu corazón; porque de él mana la vida.
Proverbios 4.23 RVR1960

❋

Cuando lees las palabras "guarda tu corazón", ¿qué te viene a la mente? Las mujeres piadosas guardan muchas cosas: su pureza, su palabra, y hasta sus relaciones. Ponen especial cuidado en guardar estas cosas del diablo que busca robarlas. Con todo, hay algo mucho más importante que deberíamos guardar... algo que olvidamos con frecuencia.

El Señor quiere que guardemos con diligencia y protejamos nuestros corazones. ¿Por qué? Porque todo lo que somos o lleguemos a ser procede de ese mismo lugar vulnerable. En muchos aspectos, el corazón es como un diminuto manantial que alimenta a un gran río; de él surgen las cuestiones de vida. El corazón es el núcleo, el centro de nuestro ser. Es un lugar que a menudo nos olvidamos de proteger y el enemigo lo sabe. Él busca quebrantar nuestro corazón o desalentarnos a cada oportunidad, sobre todo cuando bajamos la guardia.

Haz hoy el compromiso de guardar tu corazón con toda diligencia. No dejes que las relaciones pasadas, la soledad, o los sueños no conseguidos te debiliten. En vez de ello, enfréntate con fuerza a los ataques del enemigo. Y no permitas que tu corazón se manche por las cosas de este mundo. Vigílalo. Protégelo. Guárdalo.

Señor, sé que estás interesado en los asuntos del corazón. Lo que más te preocupa es lo que yo soy en mi ser más interno. Hoy me comprometo a "guardar" mi corazón con toda diligencia. Fortaléceme de dentro hacia afuera. Amén.

Ayuda en presente

*Porque yo Jehová soy tu Dios, quien te sostiene de tu
mano derecha, y te dice: No temas, yo te ayudo.*
ISAÍAS 41.13 RVR1960

✸

Nos estrechamos la mano para saludarnos unos a otros; es una señal
de bienvenida. Agarramos la mano de un niño cuando caminamos
entre una multitud o cerca de una carretera; ayuda a proteger y
a consolar al niño. En ocasiones de gran emoción o expectación,
tomamos la mano de una amiga cercana o un miembro de la familia;
este gesto dice: "Estoy contigo". Junto a la cama del hospital,
apretamos la mano de un ser querido enfermo; nuestra mano les dice
que estamos presentes, sufriendo con ellos. Cada vez que agarramos
la mano de alguien, estamos dando testimonio de Dios.

   Él sostiene tu mano. Te da la bienvenida a su reino. Te protege.
Te Consuela. Está contigo en tus momentos de mayor ansiedad y
tus horas más sombrías. Con el apretón de su mano viene el valor
para cualquier situación. Te dice que no temas, porque es tu ayuda
siempre presente en momentos de aflicción. Él te tiene agarrada.

   *Dios Todopoderoso, estoy agradecida porque sostienes
   mi mano. Perdóname por las veces que he olvidado esto
   y he dejado que el temor reinara en mi vida. Ayúdame
   a recordar que no estoy sola. Concédeme el valor
   que viene de conocerte como mi ayudador. Amén.*

¡DEJA QUE BRILLE!

Así alumbre vuestra luz delante de los hombres,
para que vean vuestras buenas obras, y glorifiquen
a vuestro Padre que está en los cielos.
MATEO 5.16 RVR1960

✻

¿Has observado alguna vez las luces del estadio en un evento deportivo? No solo iluminan el campo, sino que lanzan un brillante resplandor que enciende el cielo a varios kilómetros a la redonda.

La Biblia afirma que los cristianos son la luz del mundo. Como seguidoras de Cristo compartimos la luz de Jesús con aquellos que pueden vivir en oscuridad. ¿Cómo mantenemos nuestra luz radiante y resplandeciente? Estando conectada con la verdadera fuente de luz, Jesucristo, a través de la oración y del estudio bíblico.

Amar a quien no inspira amor, dar a los necesitados, perdonar lo imperdonable, ser sincera, y luchar por ser como Cristo son todas formas perfectas de compartir la luz de Jesús. Deja que tu vida sea un faro de luz y esperanza para todos aquellos que conoces. Tú eres la luz del mundo; déjala, pues, que brille y dé gloria a Jesucristo.

Amado Señor, gracias por traer luz a mi
oscuridad. Ayúdame a difundir la luz de Jesús
a aquellos que no te conocen. Amén.

¡CON CADA RESPIRACIÓN!

Bendeciré al Señor en todo tiempo.
SALMO 34.1 LBLA

❋

Nosotros, los seres humanos, somos un grupo egocéntrico. Incluso aquellos de nosotros que tenemos una relación personal con el Creador, con frecuencia descuidamos darle la alabanza que merece. En lugar de ello, escogemos centrarnos en nuestros propios problemas y nuestros deseos egoístas. Si intentamos poner la alabanza muy alto en nuestra lista de prioridades, a menudo resulta difícil seguir hasta el final; la alabanza no es algo que surja de forma natural en la mayoría de nosotros.

¿Cómo podemos, pues, desarrollar un espíritu de alabanza a diario? Primero, amplía la cantidad de tiempo que pasas en oración. A medida que vas llevando a cabo tu rutina diaria, encuentra nuevas razones para darle las gracias al Padre: lo revitalizante de una ducha caliente, un trabajo que hacer, colaboradores con los que interactuar, alimentos con los que satisfacer el hambre, la sonrisa de una amiga, el cambio de estaciones… ¡la lista es interminable!

Luego, salpica tus conversaciones con la esperanza que te da tu fe. Reconoce verbalmente la bondad y la provisión de Dios en tu vida y en la de los demás. Llama a las coincidencias por su nombre: la mano del Padre. No temas a dejar que tu alabanza recién encontrada rebose ¡hasta alcanzar todos los ámbitos de tu vida!

Padre, tú eres mi Dios, mi Redentor todopoderoso y Amigo. ¡Te alabo, por las cosas maravillosas que haces en mi vida a diario! ¡Te alabo por ser tú! ¡Que todo dentro de mí alabe al Señor! Amén.

¿Cuáles son tus dones?

Hay diversos dones, pero un mismo Espíritu. Hay
diversas maneras de servir, pero un mismo Señor.
1 Corintios 12.4-5 NVI

❈

Una mujer se sintió llamada por Dios para ayudar en su iglesia,
pero no podía imaginar qué ministerio sería más adecuado para
ella. Mientras que algunas personas eran claramente maestros de la
Biblia, ella no lo era. Y mientras algunos podían cantar, no sentía que
ese fuera su talento. Tras pasar tiempo en oración y buscar al Señor,
finalmente optó por trabajar en el ministerio infantil. Siempre se le
habían dado bien los niños y comprendió que podía bendecir a los
pequeños y cumplir con su llamado, todo al mismo tiempo.

Tal vez sepas lo que es buscar tu lugar. Quizá hayas probado
distintos ministerios y no hayas encontrado todavía el mejor lugar
donde servir. Sé paciente. Dios ha puesto en ti dones específicos, y
se te necesita en el cuerpo de Cristo. Aunque tus dones puedan ser
diferentes de los de otra persona, todos proceden del mismo Espíritu.

Dale gracias hoy al Señor por confiarte dones espirituales.
Si estás luchando por saber dónde encajas, pídele que te dé
oportunidades de ministrar en diferentes ámbitos hasta que
encuentres el lugar adecuado.

Señor, gracias por derramar tu Espíritu sobre mí,
y por los dones que has colocado en mí. Quiero
alcanzar a otros para ti, así que ponme en el lugar
preciso donde pueda ser más efectiva. Amén.

Las bendiciones de Dios

*El Señor te bendiga y te guarde; el Señor haga
resplandecer su rostro sobre ti, y tenga de ti misericordia.*
NÚMEROS 6.24–25 LBLA

❋

Una vez que tenemos relación con Dios Padre, por medio de
Jesucristo, estamos en línea para una multitud de bendiciones. Billy
Graham dijo: "Piensa en las bendiciones que con tanta facilidad
damos por sentadas: la vida misma, la protección contra el peligro,
cada pizca de salud que disfrutamos, cada hora de libertad, la
capacidad de ver, de oír, de hablar, de pensar, ¡imaginar que todo esto
procede de la mano de Dios!". Sin darnos cuenta, cuando abrimos
los ojos esta mañana fuimos bendecidas. Algunas de nosotras
pueden añadir a esa lista de bendiciones a amigas, familia, libertad y
posesiones.

¿Por qué no reconocemos todas nuestras bendiciones? Porque
nuestra naturaleza humana se concentra en lo que no va bien y se
pierde todo lo realmente bueno. Vencemos este hábito mediante
la oración y la comunión con él. Cuando bendecimos a Dios en fiel
adoración, el resultado es una fuerza renovada para la vida diaria.

El amor de Dios por nosotros es eterno, como lo son sus dones.
Es necesario que abramos nuestros brazos y nos convirtamos en
recipientes agradecidos por todo lo que él ha dado. Alábale y bendice
su santo nombre.

*Señor, me has dado tanto que estoy agradecida.
Quiero darte gracias por tus dones. Amén.*

CONSUELA A LOS AFLIGIDOS

*Toda la alabanza sea para Dios, el Padre de nuestro Señor
Jesucristo. Dios es nuestro Padre misericordioso y la
fuente de todo consuelo. Él nos consuela en todas nuestras
dificultades para que nosotros podamos consolar a otros.
Cuando otros pasen por dificultades, podremos ofrecerles
el mismo consuelo que Dios nos ha dado a nosotros.*

2 CORINTIOS 1.3-4 NTV

A menudo se asocia la palabra confortar con el confort que
proporcionan sofás y cojines, los asientos de cuero de los automóviles
de lujo y los colchones que se amoldan al contorno de nuestro cuerpo,
y no con el consuelo. Existe comida consoladora como el pastel
de pollo, la sopa de patata y los macarrones con queso. Algunos
fabricantes de ropa y de calzado prometen confort en su publicidad.

Si has sufrido una profunda pérdida o un dolor insoportable
en tu vida, conocerás el profundo significado de la palabra *consuelo*
(confortar). Lo necesitaste y espero que lo recibieras.

Dios es la mayor fuente de consuelo que el espíritu humano
encontrará jamás. Dios escucha. Provee. En ocasiones, casi puedes
sentir su mano acariciándote la frente mientras te bendice con el
sueño, tras muchas noches de insomnio.

Así como Dios nos consuela, podemos confortar a otros.
Deberíamos alcanzar, en particular, a otros que se enfrentan a un reto
que nosotros también hayamos afrontado. El consuelo empático de
alguien que ha pasado por nuestra situación significa incluso más
que la compasión de alguien que no lo ha experimentado.

¿Hay alguien en tu vida que podría usar algún consuelo?
Ofréceselo de todas las maneras sencillas que puedas. El Dios de
consuelo te ha reconfortado. Conforta, pues, a otros en su nombre.

*Padre misericordioso, consuélame en mis
momentos de necesidad y muéstrame a
aquellos a los que pueda confortar. Amén.*

¡TIRA ESOS GUANTES DE BOXEO!

Evitar la pelea es una señal de honor;
sólo los necios insisten en pelear.
PROVERBIOS 20.3 NTV

❋

Una mujer luchaba en su relación con una amiga en particular. Aunque se conocían desde hacía años, con frecuencia discrepaban en cosas, y a veces hasta discutían. Cada vez que se reunían, sus tranquilas conversaciones se convertían en acaloradas discusiones. Sus personalidades eran tremendamente diferentes, y ambas tendían a ser un poco testarudas. Ninguna quería dar su brazo a torcer, aunque las cosas por las que se disputaban eran a veces absurdas. ¿Sería posible que algún día estuvieran juntas sin toda aquella riña?

Tal vez te encuentres en una relación complicada con una amiga. Quizá saque lo peor de ti. Te altera. Y, a pesar de todo, la amas. No quieres que esa Amistad llegue a su fin. ¿Qué se puede hacer para salvarla?

Como con cualquier asunto relacional, lo enfocas con un corazón de sierva. Tienes que seguir la regla de oro: comportarte con los demás como te gustaría que ellos lo hicieran contigo. Y tienes que amar a otros como querrías que te amaran a ti. Esto es difícil cuando estás discutiendo. ¿Pero cuánta importancia tiene que demuestres tu idea... en el gran esquema de las cosas? ¿Lo bastante importante como para sacrificar una amistad? Seguro que no.

Señor, te pido que estés hoy en el centro de mis
amistades, sobre todo de las que son difíciles.
Muéstrame qué decir y qué callar con tal de evitar la
riña. Dame tu corazón hacia mis amigas. Amén.

Adoración exhaustiva

*Una sola cosa pido al Señor, sólo esto quiero: sentarme
en la casa del Señor todos los días de mi vida,
contemplar la gracia del Señor y frecuentar su Templo.*
Salmo 27.4 BLPH

❋

El domingo no es el único día que Dios quiere que pasemos con él.
Indudablemente es extraordinario reunirse con otros creyentes en la
adoración corporativa, pero nuestra adoración no debería limitarse a
un lugar o momento.

Además de la adoración corporativa, empieza a buscar a Dios
en tu vida cotidiana. Empieza preparando un lugar tranquilo especial
en tu casa, donde puedas pasar tiempo a solas con Dios para leer la
Biblia y hacer tus devocionales. Mientras estés en el trabajo, abre la
ventana para disfrutar de la creación de Dios o pon una imagen de
uno de tus lugares favoritos en el fondo de pantalla de tu ordenador.
Durante tu descanso para comer, trabaja en la memorización de
un texto y medita sobre él. Cuando llegues a casa por la noche, ve
a un parque local y alaba a Dios por las plantas y los animales que
ha creado. Al acostarte, pon en tu reproductor de MP3 música de
adoración relajante para que puedas adorarle mientras te quedas
dormida.

Pídele a Dios que te ayude a encontrar otras formas de estar
más cerca de él. Serás bendecida a medida que buscas una mayor
cantidad de tiempo de calidad con Dios.

*Amado Señor, permíteme estar en tu presencia toda mi
vida. Déjame ver tu belleza al buscarte a diario. Amén.*

EL JUEGO DE LA ESPERA

Yo, Señor, espero en ti; tú, Señor y Dios
mío, serás quien responda.
SALMO 38.15 NVI

❀

Algunos investigadores han estimado que los estadounidenses pasan hasta dos o tres años de su vida esperando en una cola. Esperamos en el banco, en el supermercado, en el teatro y en el aeropuerto. Esperamos el sueldo mensual, que llegue el viernes, y las vacaciones. Se diría que siempre estamos esperando algo.

Esperar en Dios es igual de difícil. ¿Qué esperas hoy? Tal vez sea la liberación financiera, un esposo, acabar la escuela o el próximo gran descanso. Quizá estés esperando los resultados de una prueba médica o nuevas de tu amado que está en el ejército. La espera puede ser rotundamente angustiosa. Pero la Palabra de Dios nos dice que esperemos con paciencia, con paz. Es más fácil decirlo que hacerlo, ¿verdad? En lugar de suspirar con impaciencia, intenta orar, leer las Escrituras y hacer que tu tiempo de espera sea productivo y tenga sentido.

El calendario de Dios no es, ni mucho menos, el nuestro. Pero a medida que esperamos en él, podemos estar seguros de que nunca llega demasiado pronto ni demasiado tarde. Espera pacientemente y con confianza. Dios *hará* lo necesario.

Padre celestial, cuando la espera parezca insoportable,
recuérdame que tu calendario siempre es perfecto. Amén.

DIOS HA ABANDONADO EL EDIFICIO

Y la cortina del santuario del templo se rasgó en dos.
LUCAS 23.45 NVI

✳

El día en que Cristo murió en la cruz, toda la creación se vio afectada cuando la tierra tembló y los cielos se oscurecieron. Dentro del templo de Jerusalén, la espesa cortina que separaba a las personas de la habitación interna se rasgó en dos por un poder desconocido por el hombre.

Dios, que había morado en el templo, el lugar santísimo, y que le había hablado allí a Zacarías (Lc 1), abandonó el edificio cuando el velo se dividió, el día de la crucifixión. Salió de una estructura hecha por el hombre y se hizo un nuevo hogar dentro de cada individuo que le invitara a entrar.

Las personas ya no tienen que desplazarse físicamente para ofrecer sacrificios y oración. Ahora Dios había venido a cada individuo, a un nivel personal que no se había conocido nunca antes. Se hizo accesible a cualquiera de cualquier país en cualquier continente.

Dios es un Dios inmutable que busca tener una relación con nosotros, así como lo hizo a lo largo de la historia bíblica. Sin embargo, ya no tenemos que recorrer las calles de Jerusalén para encontrar el Espíritu de Dios. Él viene a nosotros y nos encuentra allí donde estemos.

Santo Dios, te invito a hacer tu templo dentro de mí. Te suplico que todo lo que haga manifieste honra hacia ti y te dé alabanza. Amén.

UNA ESPERANZA Y UN FUTURO

*Porque yo sé muy bien los planes que tengo para
ustedes —afirma el Señor—, planes de bienestar y
no de calamidad, a fin de darles un futuro y una
esperanza. Entonces ustedes me invocarán, y vendrán
a suplicarme, y yo los escucharé. Me buscarán y me
encontrarán, cuando me busquen de todo corazón.*
JEREMÍAS 29.11-13 NVI

❉

Deb luchaba con sus asuntos financieros. Peleaba por mantener la
cabeza fuera del agua. Cuando no podía pagar el alquiler o surgía
una factura inesperada, arañaba el fondo del barril financiero para
cubrir los costes. Había casos en los que no tenía seguro médico. ¿Y
socializar con amigas? Totalmente fuera de cuestión. A veces, Deb
se preguntaba qué tipo de futuro tendría. ¿Acabarían alguna vez sus
presiones?

Tal vez te puedas identificar con la historia de Deb. Quizá
hayas atravesado periodos de carencia de dinero. Es posible que
ahora mismo estés en esa situación. ¡Qué maravilloso darse cuenta
de que las promesas que Dios te da no solo son una esperanza,
sino un futuro! Anhela que le verbalices tu carencia, incluso desde
tu necesidad. Empieza a ver tu futuro tal como él lo ve: lleno de
esperanza.

Entrégale hoy tu futuro a Dios. De todas formas, ya es suyo.
Suéltalo. Deja de preocuparte por él. No te inquietes por él. Y
recuerda buscar al Señor con todo tu corazón, aun cuando los tiempos
sean difíciles.

*Señor, a veces los asuntos financieros me asustan.
Pueden ser agobiantes. En esos momentos,
me desaliento. Recuérdame, Padre, que tienes
planes para mí, para mi futuro. Amén.*

POZO DE SALVACIÓN

*Con alegría sacarán ustedes agua de
las fuentes de la salvación.*
ISAÍAS 12.3 NVI

✾

En los tiempos bíblicos, los pozos eran de gran importancia. Cavar un pozo significaba que planeabas quedarte en un lugar. Ser propietario de un pozo indicaba que tu familia poseía los campos de alrededor. El pozo era un lugar de reunión y un punto de referencia. Las personas acudían al pozo a diario para sacar agua para beber, cocinar y limpiar. Era básico para la vida de los hombres y de las bestias.

Nuestra salvación también es un pozo. En él no solo se encuentra nuestra vida eterna, sino también nuestra vida abundante mientras vivamos en la tierra. Cristo es el agua de vida que nos refresca y nos nutre continuamente, dando vida a nuestro cuerpo y nuestra alma. Él es fuerza cuando estamos débiles, sabiduría cuando somos necios, esperanza cuando estamos desvalidos y vida cuando estamos muriendo.

Así como se hace bajar un balde a un pozo profundo, lo que comienza como un descenso a la oscuridad desconocida y la profundidad se convierte en el medio por el cual sacamos el agua de vida. Colosenses 2.12 (NTV) afirma: "Pues ustedes fueron sepultados con Cristo cuando se bautizaron. Y con él también fueron resucitados para vivir una vida nueva, debido a que confiaron en el gran poder de Dios, quien levantó a Cristo de los muertos". Hemos muerto con Cristo y ahora vivimos, pero necesitamos ir a diario al pozo de nuestra salvación, recordar nuestra necesidad de la vida de Jesús y sacar con gozo el agua de vida.

*Señor, gracias por salvarme. Gracias por ser
el agua de vida, mi fuente continua de paz,
consuelo, fuerza y gozo. Haz que recuerde que
mi vida está escondida en la tuya. Amén.*

DEJAR IR

*Como escogidos de Dios, santos y amados, revístanse de
afecto entrañable y de bondad, humildad, amabilidad
y paciencia, de modo que se toleren unos a otros y se
perdonen si alguno tiene queja contra otro. Así como
el Señor los perdonó, perdonen también ustedes.*

COLOSENSES 3.12–13 NVI

❄

Christine sabía que necesitaba perdonar a su amiga Susie. Valoraba la relación y quería arreglar las cosas. Pero no podía dejar de repetir su queja en su mente. ¿Cómo podía Susie haber sido tan inconsciente? Cuanto más intentaba obligarse a perdonar, más lejos parecía el perdón.

Poco tiempo después, Christine estaba preparando una comida para Susie, después de la muerte de su padre. Había empezado a orar por Susie y su corazón se había roto de dolor: sabía lo que era perder a un padre. Los sentimientos de injusticia que habían parecido tan arraigados quedaron sustituidos por sentimientos de bondad y compasión. Para cuando fue a llevar la comida, ya había perdonado a Susie.

Estamos hablando de "trabajar hacia el perdón", pero este esfuerzo puede ser contraproducente. En vez de esto, Jesús quiere que mostremos su compasión por los demás, pensar en formas de tratarlos con amabilidad y paciencia, y, sistemáticamente, un día nos despertaremos y nos daremos cuenta de que el perdón ha reemplazado nuestro dolor.

*Dios, no puedo expresar lo agradecida que estoy
porque me has perdonado por las muchas cosas que
he hecho para herirte. Te ruego que me ayudes a ver
a la persona que me ha dañado a través de tus ojos y
concederles el mismo don que me has dado a mí. Amén.*

HIJA DEL REY

*Todos ustedes son hijos de Dios
mediante la fe en Cristo Jesús.*
GÁLATAS 3.26 NVI

❁

Gálatas 3.26-29 está repleto de declaraciones sobre quién eres como cristiana. Eres la simiente de Abraham. Eres una heredera según la promesa de Dios. Y, lo mejor de todo, eres una *hija de Dios*. Gálatas nos recuerda que, a los ojos de Dios, no hay varón ni hembra, raza o estatus social. Los creyentes son verdaderamente *uno en Cristo*.

Puede ser que hayas tenido una educación maravillosa, con padres amorosos. O tal vez no has sido tan afortunada. Es posible que hayas pasado años en sistema de acogida o que hayas tenido padres maltratadores.

Haya reflejado tu infancia amor o abandono, ¡hay buenas nuevas! Como cristiana, eres una hija del Rey de reyes, del Señor de señores, del Dios soberano. Es Aquel que colgó las estrellas en el cielo y, a pesar de todo, conoce el número de cabellos de tu cabeza. No solo eres amiga de Dios o un pariente distante. ¡Eres su *hija*!

Si eres madre, considera el amor incondicional que sientes por tu hijo/a, por intenso que sea ese amor, al ser humana estás limitada en tu capacidad de amar. Por el contrario, Dios nos ama de una forma que no entenderemos por completo hasta que lleguemos al cielo. Él es nuestro *Abba Padre*, nuestro "papito".

*Gracias, Padre, por adoptarme a través de
Cristo como hija tuya. Enséñame a vivir como
un reflejo del amor de mi Padre. Amén.*

SIGUE CORRIENDO

*Corramos con perseverancia la carrera
que tenemos por delante.*
HEBREOS 12.1 NVI

❄

Karen comenzó la maratón llena de confianza. Había estado entrenando durante meses. Conocía bien la carrera y confiaba en su cuerpo. El tiempo era perfecto. Pero, noventa minutos después, la fatiga la había vencido como nunca antes. No solo estaba exhausta, sino que tenía náuseas. Sus pies y sus piernas gritaban pidiendo clemencia. Se detuvo en un puesto de agua y consideró abandonar por completo. Estaba a punto de salir de la carrera y acabar con el problema, cuando una corredora veterana se acercó a ella. "Pareces estar en dificultades", le dijo alegremente. Karen exhibió una débil sonrisa.

"Vamos, correré contigo un rato. ¿Ves aquella señal? ¿Crees que puedes llegar al menos hasta allí?". Karen quería que su cuerpo siguiera. Durante los pocos kilómetros siguientes, su compañera ralentizó su propia carrera para mantener el ritmo de Karen. Cada medio kilómetro aproximadamente, le indicaba una meta que alcanzar, buzones de correo, semáforos, señales de tráfico. Treinta minutos después, Karen sintió que sus fuerzas regresaban, alentada por su nueva amiga que conocía claramente el valor de una compañera de viaje. Por fin, Karen llegó a la meta. Estaba agotada y abrumada, pero agradecida. Sentía gratitud por haber resistido y por la amiga que la había ayudado durante el camino.

*Padre, cuando la carrera sea demasiado para mí, dame
fuerzas para el viaje. Gracias por las amigas que hago
por el camino. Ayúdame a acabar con confianza. Amén.*

ENTREGAR TU VIDA

*En esto conocemos lo que es el amor: en que Jesucristo
entregó su vida por nosotros. Así también nosotros
debemos entregar la vida por nuestros hermanos.*

1 JUAN 3.16 NVI

❄

Jesús manifestó el amor supremo por nosotros cuando entregó
su vida en el Calvario para pagar por nuestros pecados. Entregó
verdaderamente su vida. Y nos pide que hagamos lo mismo. ¿Pero
qué significa esto? ¿De verdad podemos entregar nuestra vida por los
demás? De ser así, ¿cómo es esto?

Entregamos nuestra vida por los demás cuando ponemos sus
necesidades por encima de las nuestras. Esto puede suceder de
muchas maneras. Primero, necesitamos superar cualquier egoísmo en
nuestra vida y empezar a adoptar la actitud de "primero los demás"
que Jesús enseñó. Esto significa que no siempre nos saldremos con
la nuestra. También quiere decir que hemos de tener un corazón de
sierva, incluso cuando sea difícil.

Hoy, examina a las personas que Dios haya colocado en tu vida.
¿Hay alguien por quien darías la vida? ¿Qué llegarías a hacer para
situar las carencias y las necesidades de esa persona por encima
de las tuyas? Pide al Señor que te ayude a aplicar la mentalidad de
"primero los demás". No, no será fácil; pero sí, merecerá la pena.

*Señor, no resulta fácil tener un corazón de sierva.
Pero no esperas menos de mí. Así es cómo sabemos
lo que es el amor, Padre. Tú nos lo mostraste
con tu ejemplo. Hoy, te ruego que me muestres
por quién puedo entregar mi vida. Amén.*

LISTA PARA LA BATALLA

*Por tanto, tomad toda la armadura de Dios,
para que podáis resistir en el día malo, y
habiendo acabado todo, estar firmes.*
EFESIOS 6.13 RVR1960

❋

Un bombero tiene que estar bien equipado antes de entrar en un edificio en llamas. Sus herramientas incluyen un casco, un chaquetón aislante, un cinturón para herramientas y botas. Sin este equipo, el bombero correría un peligro extremo. Lo mismo ocurre para los cristianos si no estamos alertas y preparados con toda la armadura de Dios.

El mal abunda en nuestro mundo caído y hay tentaciones a la vuelta de cada esquina. El diablo nunca se toma un día libre. Ten cuidado. Es necesario que nos apartemos del señuelo del mal y situemos nuestra vida en el centro de la voluntad de Dios. En Efesios 6, Pablo enumera las piezas de la armadura necesaria para pelear contra el enemigo: coraza de justicia, botas de la paz, escudo de la fe, yelmo de salvación y la espada del Espíritu.

Ríndete a Dios en oración y recurre a su poderosa presencia. Él está justo a tu lado, preparado para la batalla.

*Señor, ayúdame a conservar mi armadura y obedecer tu
Palabra para que la victoria suprema sea tuya. Amén.*

FUERZA CENTRAL

Él fortalece al cansado y acrecienta las fuerzas del débil.
ISAÍAS 40.29 NVI

❈

Para mantener nuestro cuerpo en funcionamiento tal como Dios diseñó que fuera, se necesita un programa regular de ejercicios. Uno de los componentes del régimen de ejercicios eficaz es el desarrollo de fuerza central. Esos músculos —el abdomen, el tronco y la espalda— son responsables de la fuerza, la estabilización y el equilibrio. Los músculos de fuerza central protegen nuestra espina dorsal, nos capacitan para estar de pie, movernos con armonía y evitar el desarrollo de dolor crónico. Invertir tiempo y energía en el desarrollo y mantenimiento de los músculos centrales produce enormes dividendos.

Lo mismo se aplica a nuestros músculos centrales espirituales. Nuestro núcleo espiritual está compuesto por elementos fundamentales que hacen que nuestra vida se mueva. Puede incluir las creencias esenciales con respecto a quién es Dios y al papel del Padre, del Hijo y del Espíritu Santo en nuestra vida cotidiana.

Otro músculo espiritual central puede ser los principios sobre los que edificamos nuestra vida: ¿Cuál es nuestro propósito en la tierra? ¿Cuál es nuestra motivación para trabajar, vivir e interactuar con los demás? ¿Quiénes somos en Cristo? Podemos ejercitar nuestro núcleo espiritual leyendo a diario la Palabra de Dios, orando por todas las cosas y pasando tiempo en comunión con otras creyentes.

Un núcleo espiritual fuerte ayudará a que te asegures de permanecer estable y segura en un mundo cambiante. Que puedas evitar caer y que seas capaz de moverte y de vivir con gracia. Al ejercitar tu cuerpo físico, asume también el compromiso de entrenar tu núcleo espiritual con regularidad.

Padre, ayúdame a regresar una y otra vez a los fundamentos centrales de mi salud espiritual. Amén.

El caballero blanco

Entonces me alegraré en el Señor; estaré
feliz porque él me rescata.
SALMO 35.9 NTV

❈

Desde que era una niña, Alex había soñado con interpretar el papel de una damisela en peligro heroicamente rescatada por un caballero blanco.

Muy pronto, la realidad se impuso.

"¿Cuánto tiempo se supone que he de esperarle?", se lamentó mientras tomaba un *latte* con una amiga. "Al parecer, mi caballero blanco tiene un problema con la puntualidad".

Todas esperamos que alguien nos rescate. Tal vez estás esperando un gran amor que llene el vacío de tu corazón. O quizá esperes a una amiga que te ayude en tu tiempo de necesidad. Es posible que estés esperando que tu madre te trate por fin como una adulta o que un posible empleador te llame de vuelta con una oferta de trabajo. Esperamos, esperamos y esperamos que llegue un rescatador.

La verdad es que Dios no quiere que vivas en un perpetuo estado de espera. Vive tu vida —toda tu vida— buscando a diario gozo en el Salvador de tu alma, Jesucristo. Y he aquí la mejor noticia de todas: ¡él ya ha realizado el rescate por su muerte en la cruz por nuestros pecados! Él es el *verdadero* caballero blanco que ha asegurado tu eternidad en el cielo.

Deja de esperar; ¡busca hoy su rostro!

Jesús, te alabo porque eres el rescatador de mi alma.
Recuérdamelo cuando esté buscando alivio en otras
personas y lugares. Tú te ocupas de mis necesidades
presentes y eternas, y por ello te estoy agradecida. Amén.

UN LUGAR CONFORTABLE

¿No se dan cuenta de que su cuerpo es el templo del
Espíritu Santo, quien vive en ustedes y les fue dado
por Dios? Ustedes no se pertenecen a sí mismos.
1 CORINTIOS 6.19 NTV

❄

Sandra se pasó el día recogiendo su apartamento. Compró una colcha nueva para el cuarto de invitados. Sobre la mesa del salón colocó un jarrón de flores silvestres frescas. Agarró una revista y se puso a buscar algunas recetas nuevas para la cena.

¿Por qué se tomó el tiempo de hacer todas estas cosas?

Su amiga venía desde otro estado a pasar el fin de semana con ella. Sabía que su casa era un reflejo de ella misma. El esfuerzo que había hecho por prepararla para su invitada mostraría que le daba bastante importancia a hacer que su amiga se sintiera como en su casa.

Nos tomamos el tiempo de hacer que nuestro hogar sea confortable y bonito cuando sabemos que viene visita. Del mismo modo deberíamos preparar nuestro corazón para el Espíritu Santo que vive dentro de nosotros. Deberíamos pedirle a Dios a diario que nos ayude a limpiar la basura de nuestro corazón. Deberíamos poner un cuidado especial en afinar nuestro cuerpo por medio del ejercicio, comiendo alimentos saludables y vistiendo de forma atractiva y modesta.

Nuestro cuerpo le pertenece a Dios. Es un reflejo de él hacia los demás. Cuidarnos demuestra a otros que honramos a Dios lo suficiente como para respetar y usar con sabiduría lo que nos ha dado.

Amado Señor, gracias por dejar que te pertenezca. Haz
que mi cuerpo sea un lugar confortable para ti. Amén.

MAGNIFICAR LA VIDA

Todo mi ser se gloría en el Señor; que lo oigan los humildes y se alegren. Glorifiquen conmigo al Señor, ensalcemos su nombre todos juntos.

SALMO 34.3-4 BLPH

❄

Magnificar es engrandecer, hacer más visible, que se vea con mayor facilidad. Cuando el ángel del Señor se le apareció a María anunciándole que sería la madre del Mesías, su respuesta fue citar el Salmo: "Engrandezcan al Señor conmigo". María sabía que era objeto del favor y de la misericordia de Dios. Ese conocimiento produjo humildad. El alma humilde es la que desea que Dios sea glorificado en vez de "yo".

Por mucho que lo intentemos, no podemos producir esta humildad en nosotros mismos. Nuestra tendencia natural es promocionarnos a nosotros mismos, manejar las impresiones que los demás tienen de nosotras y mejorar nuestra propia reputación. Necesitamos la ayuda del Espíritu para recordarnos que Dios nos ha favorecido a cada una de nosotras con su presencia. No tenía por qué venir a nosotros en Cristo, pero lo hizo. Ha escogido poner su amor en nosotros. Su vida redimió la nuestra y nos santifica. Somos receptores de la acción de su gracia.

¿Se jacta tu alma en el Señor? ¿Engrandece tu vida a Cristo y hace que otros le vean con mayor facilidad? Tal vez no puedas decir con sinceridad que deseas esto. Empieza por ahí. Confiésalo. Pídele que te recuerde su favor y que produzca humildad en tu vida, que te ayude a orar como lo hizo María.

Cristo Jesús, ayúdame a recordar lo que has hecho por mí y a desear que otros te vean y te conozcan. Amén.

ESPÍRITU DE PODER

Y temerán desde el occidente el nombre del Señor y desde el nacimiento del sol su gloria, porque El vendrá como torrente impetuoso, que el viento del Señor impele.

ISAÍAS 59.19 LBLA

❁

La época de los huracanes llega cada verano, y muchas de nosotras vemos los informes del tiempo y nos maravillamos del daño que puede hacer el viento. Las fuertes ventoleras agitan el agua y la mueven tierra adentro, provocando las tormentas, el temporal y las inundaciones. El poder está en el viento que levanta el agua y la transporta kilómetros y kilómetros.

El Espíritu de Dios es como ese viento que se convierte en huracán. Su Espíritu es más poderoso que cualquier cosa que llegue a nuestra vida. Las preocupaciones de salud, financieras, y un futuro incierto pueden amenazar nuestra tranquilidad. Las inundaciones pueden presentarse en forma de enojo, temor, depresión o desesperación. Las emociones incontroladas, las conductas adictivas, la ansiedad y la soledad pueden abrumarnos. En momentos así, conocerle poder del nombre y la gloria del Señor es fundamental. Su nombre está por encima de cualquier otro; nadie tiene más autoridad que Aquel que creó el mundo por su palabra. Su gloria llena toda la tierra.

Cuando clamamos a Dios en las tormentas de nuestra vida, estamos clamando a la fuerza más poderosa de todas, Aquel que tiene poder sobre la muerte.

Señor, perdóname por olvidar lo poderoso que eres y que tu Gloria se exhibe por toda la tierra. Ayúdame a recordar quién es mi Dios. Amén.

Comprende... y después actúa

Saquen el mayor provecho de cada oportunidad en estos días malos. No actúen sin pensar, más bien procuren entender lo que el Señor quiere que hagan.

Efesios 5.16-17 NTV

❄

Una mujer mayor descubrió que actuaba por impulso... muchas veces. Cuando las cosas iban mal, reaccionaba y no siempre de la mejor manera. Espetaba cosas que en realidad no pensaba. A veces, hacía un problema de lo que no lo era. Luego, más tarde —en sus momentos de tranquilidad—, se preguntaba por qué. Si tan solo se hubiera tomado el tiempo de pensar antes de hablar, habría podido evitar tantos problemas.

¿Te identificas con esta mujer? ¿Actúas o hablas sin pensar primero? Si es así, desde luego no estás sola. Las mujeres son criaturas emocionales y sus reflejos suelen estar basados en emociones. Somos especialmente vulnerables cuando hieren nuestros sentimientos. No siempre nos tomamos el tiempo de comprender lo que el Señor quiere que hagamos antes de aplicar nuestro propio plan de acción.

¿Actúas o reaccionas? ¿Piensas o actúas por reflejos? El Señor anhela que pensemos antes de actuar o de hablar, que actuemos en su nombre. Reaccionar es algo que precisa de poco o ningún pensamiento, ¡pero vivir una vida que refleje la imagen de Cristo requiere mucho trabajo!

Señor, no quiero reaccionar. Quiero actuar, reflejarte a ti en mi vida. Hoy te entrego mis tendencias a actuar por reflejo. Vigila mis palabras y mis actos, Padre. Ayúdame a pensar antes de hablar. Amén.

Pon una cara feliz

El restaura mi alma; me guía por senderos
de justicia por amor de su nombre.
SALMO 23.3 LBLA

❀

A veces nos desalentamos por la dirección de nuestra vida. Las circunstancias no son las que hemos escogido ni el plan que trazamos. El tiempo de Dios no engrana con el nuestro. Pero para mantener tranquilos a quienes están a nuestro alrededor, nos pegamos una sonrisa y caminamos arduamente por aguas turbias.

Anímate. El Señor ha prometido que escucha nuestras súplicas y que conoce nuestras situaciones. Nunca nos abandonará. Nuestro Dios no es un Dios de negatividad, sino de posibilidad. Nos guiará a través de nuestras dificultades y más allá de ellas. En *Manantiales en el desierto*, la Sra. Charles E. Cowman declara. "Cada infortunio, cada fracaso, cada pérdida pueden ser transformados. Dios tiene el poder de transformar todas las desgracias en 'cosas enviadas por él'".

Hoy, deberíamos volver nuestros pensamientos y oraciones hacia él. Céntrate en un himno o cántico de alabanza, y hazlo sonar en tu mente. La alabanza hace huir todo abatimiento y dibuja una sonrisa en nuestros labios. Con un espíritu renovado de optimismo y esperanza podemos dar gracias al Dador de todas las cosas buenas. El agradecimiento al Padre puede convertir nuestra sonrisa de plástico en una verdadera, y, como afirma el salmo, nuestra alma será restaurada.

Padre, hoy me encuentro con el ánimo por
los suelos. Tú eres mi fuente de fuerza sin fin.
Tómame en tus brazos para siempre. Amén.

AMOR, NO DEBER

*Les daré integridad de corazón y pondré un espíritu
nuevo dentro de ellos. Les quitaré su terco corazón
de piedra y les daré un corazón tierno y receptivo.*
EZEQUIEL 11.19-20 NTV

❋

Normas, vivimos por ellas a diario. Obedecemos las normas de tráfico (no excedas el límite de velocidad) y las que crean nuestros jefes (no realizar asuntos personales en el horario de trabajo). Seguimos también las normas de la sociedad: apagamos nuestro teléfono celular durante las películas y no hablamos en los ascensores.

Y, como creyentes, intentamos obedecer las normas de Dios. Intentamos que Dios esté orgulloso porque no tomamos su nombre en vano, porque vamos a la iglesia y porque ofrendamos para los ministerios. Hablamos de él cuando surge la oportunidad, escuchamos música piadosa ¡y hasta vestimos camisetas cristianas!

¿Pero cuánta de nuestra obediencia procede de un sentido del deber? Después de todo, Dios *no* quiere que le obedezcamos por temor a que nos castigue si no lo hacemos, sino porque le amamos.

Si obedeces por un sentido de obligación, pídele a Dios que cambie tu corazón. Considera todo lo que ha hecho por ti: te ha dado a su Hijo, ha perdonado tus pecados, contestado tus oraciones. Recuerda que se entregó gratuitamente, sin condiciones.

Cuando meditas en su carácter y estás convencida de su amor por ti, la obediencia no será un deber, sino que se convertirá en una delicia.

*Padre, te alabo por el amor que dejó atrás el
cielo. Ayúdame a amarte más. Amén.*

¡PERMANECE FIRME!

*Una palabra final: sean fuertes en
el Señor y en su gran poder.*
EFESIOS 6:10 NTV

❃

¿Has pensado alguna vez en lo fuerte que es Dios? Con la fuerza de su Palabra, creó a los planetas y las estrellas. Esa misma fuerza hizo retraerse al mar Rojo para que los israelitas pudieran cruzar. Fue su fuerza la que le dio a David valor frente a Goliat. Fue su fuerza la que ayudó a Josué a enfrentarse a sus enemigos en Jericó. Su fuerza dio vigor a Noemí y Rut, y amor en cada creyente que invoca el nombre de Jesús.

¡Qué maravilloso es darse cuenta de que tenemos ese poder obrando en nosotros! El mismo Dios del universo nos fortalece con su poder, no con el nuestro. Si dependiera de nosotros, habríamos provocado un desastre, ¿verdad? Oh, podríamos reunir un poco de fuerza en los días buenos, ¿pero qué me dices de los malos?

Tal vez no hayas entendido nunca, por completo, lo que significa acceder a la fuerza de Dios. Quizá no te sientas fuerte todavía. Empieza a memorizar textos bíblicos como el de más arriba. Pon notas en tu espejo, tu nevera y en tu mesilla de noche a modo de recordatorio. Luego empieza a citar esos textos a diario ¡y observa la fuerza que empieza a crecer dentro de ti!

*Señor, soy débil en mí misma. Dependo por
completo de ti. Gracias porque la misma fuerza
que moraba en David, Josué, Noemí y Rut vive
en mí. ¡En tu gran poder soy fuerte! Amén.*

Un paso a la vez

*Con tu fuerza puedo aplastar a un ejército; con
mi Dios puedo escalar cualquier muro.*
SALMO 18.29 NVI

❉

Sandi regresó desalentada y derrotada de la consulta médica. Sabía
que había ganado unos kilos desde su última visita, pero le chocó
ver el número que marcaba el peso. Su impresión se convirtió en
humillación, cuando el doctor se dirigió a ella con franqueza: "Sandi,
su salud está en riesgo. Si no pierde al menos treinta y cinco kilos, la
próxima vez que la vea será en una cama de hospital. Sencillamente,
su corazón no puede resistir la presión del exceso de peso que usted
tiene".

¡Treinta y cinco kilos! Parecía una meta insuperable. Sin
embargo, un año después, cuando Sandi regresó a la consulta para
su revisión anual, irradiaba felicidad cuando contempló su gráfico.
"¡Felicidades por su pérdida de peso! —le dijo el doctor—. ¿Cómo lo ha
hecho?".

Sandi sonrió: "Un kilo a la vez".

Con frecuencia nos sentimos desalentados cuando nos
enfrentamos a una tarea voluminosa. Ya sea una pérdida de peso,
el título de graduado universitario, o sus impuestos sobre la renta,
algunas cosas parecen imposibles. Y, a menudo, *no pueden* realizarse,
al menos no de golpe. Este tipo de tareas se afrontan mejor dando un
paso a la vez. Con paciencia, perseverancia y la ayuda de Dios, tus
metas pueden ser más alcanzables de lo que piensas.

*Amado Padre, la tarea que tengo por delante
me parece imposible. Sin embargo, sé que puedo
hacerlo con tu ayuda. Te ruego que hagas que
confíe en ti en cada paso del camino. Amén.*

SILENCIO

....

Maltratado y humillado, ni siquiera abrió su boca; como cordero, fue llevado al matadero; como oveja, enmudeció ante su trasquilador; y ni siquiera abrió su boca.

ISAÍAS 53.7 NVI

❋

Jesús cumplió la profecía de Isaías permaneciendo en silencio delante de sus acusadores, antes de su crucifixión. Resulta sorprendente leer esto, porque va en contra de todo lo que hay en nosotros como seres humanos: no podemos imaginar que se nos acuse en falso y no procurar justificarnos.

El silencio de Jesús puede enseñarnos lecciones importantes. Debajo de su silencio estaba implícita la confianza en su Padre y en sus propósitos. Cristo sabía quién era y lo que había venido a hacer.

Tal vez oraba en silencio mientras comparecía ante Pilato. Con frecuencia, es en el silencio de nuestra vida donde escuchamos mejor a Dios. Cuando tomamos tiempo para pensar, meditar en las Escrituras, orar y reflexionar, descubrimos que podemos oír de verdad la tranquila y pequeña voz. Muchas de nosotras evitamos la tranquilidad y la soledad con ruidos y asuntos constantes. Pero las cosas importantes suceden en el silencio. El Padre puede hablar; podemos escuchar. Podemos hablar sabiendo que él está escuchando. La confianza se construye en silencio y la confianza fortalece en silencio.

Señor Jesús, ayúdame a aprender de tu silencio. Ayúdame a confiar más en ti para que no sienta la necesidad de explicarme. Dame el deseo y el valor de estar a solas contigo y escuchar tu voz. Amén.

Un estudio delicioso

Grandes son las obras del Señor; estudiadas
por los que en ellas se deleitan.
SALMO 111.2 NVI

❋

Un experto pianista y un hábil jugador de tenis saben que cuanto más practiquen, más disfrutarán de su aptitud. Alguien que haya estudiado diseño de muebles puede valorar una Buena antigüedad que a otra persona le puede parecer un simple baúl marrón. Un chef puede paladear y disfrutar sabores que el paladar medio no puede identificar.

¿Le has dado gracias a Dios alguna vez por el placer de una columna ordenada de números en un libro de contabilidad? ¿Has observado las estanterías de la farmacia y le has agradecido a Dios toda la investigación y el descubrimiento que han conducido a tales medicamentos que salvan vidas? ¿Has recogido producto de tu propio jardín y has alabado a Dios por la delicia de la cosecha?

Tu deleite en la creación de Dios es un don suyo y una ofrenda de alabanza que le brindas por lo que ha hecho. Estar agradecida por el interés que Dios te da en su creación le da gloria a él y te lleva a conocerle y apreciarle más.

Gran Dios de toda la creación, Dador de todas las
cosas buenas, gracias por la hermosura y la sabiduría
del mundo que me rodea y que habla de ti. Amén.

REGOCIJARSE CON LOS AMIGOS

*Al llegar, reúne a sus amigos y vecinos, y
les dice: "Alégrense conmigo; ya encontré
la oveja que se me había perdido".*

LUCAS 15.6 NVI

❋

Reunirse con los amigos y la familia puede ser tan divertido, sobre todo cuando tienes algo que celebrar. Las fiestas de cumpleaños, las bodas y los aniversarios son una explosión cuando se celebran con las personas que amas. Y es que hay algo en estar juntos que aumenta el entusiasmo.

A Dios le gusta una buena fiesta, sobre todo la que celebra que la familia esté junta. Así como el buen pastor en el versículo de hoy, organiza una celebración bastante asombrosa en el cielo cuando un hijo perdido regresa al redil. Celebrar es algo que le viene de forma natural y —dado que te ha creado a su imagen— ¡para ti también!

Piensa en todas las razones que tienes para celebrar. ¿Gozas de una buena salud? ¿Has superado un duro obstáculo? ¿Estás manejando tus finanzas sin mucha aflicción? ¿Te va bien el trabajo? ¿Tu vinculación afectiva con tus amigos o tu familia? Si es así, organízate una fiesta e invita a una amiga. Mejor aún, llama a tus amigas y a tus vecinas, reúnelas, como indican las Escrituras. Comparte tus alabanzas con personas que aprecien de verdad todo lo que el Señor está haciendo en tu vida. ¡Que empiece la fiesta!

*Señor, gracias porque se me ha creado a la imagen de un
Dios que sabe cómo celebrar. Tengo tantas razones para
regocijarme hoy. Gracias por tus muchas bendiciones.
Y hoy, en especial, quiero darte las gracias por darme
amigas para compartir mis gozos y mis tristezas. Amén.*

Fe desesperada

*Y él le dijo: Hija, tu fe te ha hecho salva; ve
en paz, y queda sana de tu azote.*
MARCOS 5.34 RVR1960

❋

Cuando Jesús sanó a la mujer hemorrágica, elogió su fe. Había agotado todos sus recursos en doctores, inútilmente. Sin dirigirse en absoluto a Jesús, tan solo se acercó a él como nadie lo había hecho en la multitud y rozó sus vestiduras. Al instante, su poder la sanó y él supo que ella lo había tocado. ¿Qué fue tan inusual en el toque de esta mujer? ¿Por qué elogió Jesús su fe?

Tal vez cuando ella le tocó él sintió su completo vacío y necesidad. No tenía ningún otro sitio donde acudir. Él era la fuente del poder sanador. Su fe fue un acto de total dependencia; era Jesús o nada.

Proverbios 3:5-6 nos dice que confiemos en el Señor con todo nuestro corazón y que no nos apoyemos en nuestro propio entendimiento. Esto es difícil de hacer, ya que preferimos confiar en el Señor junto con nuestra propia comprensión de cómo deberían resolverse las cosas. Aunque se nos ha dado una mente para leer, pensar y razonar, en última instancia nuestra fe viene de abandonar la esperanza en nosotros mismo y arriesgarlo todo con Jesús.

*Señor, a menudo estoy ciega ante mi propia
debilidad y mi necesidad de ti. Ayúdame a confiar
en ti como lo hizo esta mujer enferma. Amén.*

TEMOR FRENTE A CONFIANZA

*Temer a los hombres resulta una trampa, pero
el que confía en el Señor sale bien librado.*

PROVERBIOS 29.25 NVI

❈

Todas experimentamos el temor. Se desliza sobre nosotras como
una sombra en un callejón oscuro, cuando menos lo esperamos. Una
relación acaba. De repente, sientes temor. Pierdes tu trabajo. El temor
levanta su fea cabeza de Nuevo. Alguien cercano a ti fallece. Temor.
Tus facturas se amontonan. Temor. Tal vez sea un diagnóstico, un
pecado que te enreda y que parece invencible, o incluso una persona
a la que temes.

El temor tiene un enemigo llamado confianza. Cuando Temor
siente que Confianza intenta irrumpir en cualquier situación, se pone
sus guantes de boxeo y se prepara para una pelea. Sabes, Temor
procede de Satanás, y el padre de mentira no abandona sus ataques
sobre ti con facilidad. Confianza es una rival malévola. Temor sabe
que le costará la misma vida vencer a Confianza y permanecer fuerte
cuando suene la campana.

Cuando estés asustada, pronuncia el nombre de Jesús.
Proclámalo sobre cualquier problema o incertidumbre que haya en tu
mente. Sobre los resultados médicos, las preocupaciones financieras,
y hasta los temores irrazonables como las fobias o la paranoia.

El temor es una trampa, pero confiar en el Señor acarrea
seguridad. El temor no es tan duro como se cree. Cuando te enfrentas
a él con Confianza, queda noqueado fuera del ring.

*Señor Jesús, ayúdame a confiar cada día más en
ti. Cuando me sienta asustada, recuérdame que
pronuncie tu nombre sobre mi preocupación. Amén.*

Aférrate a la instrucción, no la dejes escapar;
cuídala bien, que ella es tu vida.
PROVERBIOS 4.13 NVI

❋

De cada experiencia que Dios nos da aprendemos valiosas lecciones; supone preparación para un futuro que solo él puede ver. Dios usará los talentos que nos ha dado y lo que hayamos aprendido, y tirará más de nosotros, a veces hasta nos sacará de nuestras zonas de confort. Seguir la senda desconocida que Dios ha preparado nos conduce a una mayor obediencia, una obediencia que nos ayuda a aprender más de él. Este conocimiento recién hallado nos llevará, en última instancia, a la felicidad y al contentamiento.

Todas nosotras tenemos talento; podemos prepararnos y aprovechar al máximo las oportunidades cuando surjan. Nuestro mayor reto no es la falta de oportunidad para responder a la dirección de Dios, sino estar preparadas cuando llegue la oportunidad.

Busca el rostro del Señor mediante la oración y el estudio de su Palabra. Luego aférrate a sus promesas y confía en él. Cuando nuestro enfoque está fijado en su rostro, estamos abiertas y listas para aprender lo que él quiera enseñarnos. Estamos preparadas.

Padre, guíame por tu senda hasta el éxito.
Ayúdame a aprender de ti y a usar lo que
me enseñas para tu gloria. Amén.

¿QUÉ ES ESTO QUE TENGO EN EL OJO?

¿Por qué te fijas en la astilla que tiene tu hermano en el ojo y no le das importancia a la viga que tienes en el tuyo?
LUCAS 6.41 NVI

❅

Juzgamos a los demás, lo admitamos o no. Tal vez es su aspecto ("¿Pero cuántos tatuajes necesita tener una persona?") o su inclinación política ("¿Cómo puedes llamarte cristiana y votar por un presidente de ese partido?"). A veces encasillamos a alguien por su acento ("¡Pero qué palurdo tan ignorante!") o por un logro de algún tipo ("El Sr. Sabelotodo se cree mejor que nadie por su doctorado").

Dios, nuestro Padre, nos insta a no juzgar a otros de este modo. Después de todo, él no mira nuestra apariencia externa. No presta atención a nuestra afiliación política y a nada de nuestra vida que esté abierto a la interpretación. Mira al corazón y juzga si tenemos una relación personal con él o no.

En Lucas 6.41, Jesús nos recuerda mediante su analogía del serrín y el tablón que ninguno de nosotros es intachable. Es importante que pongamos nuestros defectos en perspectiva cuando nos enfrentamos a la tentación de juzgar a los demás. Trabaja hoy en quitar la viga de tu ojo y alaba a Dios por su don de gracia.

*Dios, te ruego que me perdones por las veces
que he juzgado a otros. Ayúdame a desarrollar
un espíritu amable que pueda compartir tu
amor y tu esperanza sin juzgar. Amén.*

SIGUE LAS PISADAS DEL SEÑOR

*Vengan, síganme —les dijo Jesús—, y los
haré pescadores de hombres.*
MATEO 4.19 NVI

❖

La playa estaba vacía, excepto por una caminante solitaria cerca del borde del agua. Con cada paso que daba, sus pies dejaban una huella en la arena. Pero a medida que las olas lamían la orilla, sus pisadas desaparecían rápidamente. Seguir sus pisadas habría sido imposible a menos que alguien caminara muy cerca por detrás de ella.

Jesús le pidió a sus discípulos que lo siguieran, y nos pide que hagamos lo mismo. Suena sencillo, pero seguir a Jesús puede ser un desafío. Algunas veces, perdemos la paciencia, y no queremos esperar en el Señor. Nos alejamos de él tomando los asuntos en nuestras propias manos y asumiendo decisiones sin consultarlo primero. O tal vez no somos diligentes para seguir su paso. Nos quedamos atrás y, pronto, Jesús parece estar muy lejos.

Seguir a Jesús requiere permanecer pegadas a sus talones. Es necesario que estemos lo suficientemente cerca para oír su susurro. Quedarnos cerca de su corazón abriendo la Biblia a diario. Permite que su Palabra hable a tu corazón y te dé dirección. A lo largo del día, eleva oraciones pidiendo dirección y sabiduría. Mantén su paso, y su presencia cercana te bendecirá de una forma desmesurada.

*Amado Señor, concédeme el deseo de seguirte. Ayúdame
a no adelantarnos ni a quedarnos atrás. Amén.*

IDOLATRÍA

*Los ídolos de las naciones son plata y oro, obra de
manos de hombre. Tienen boca, y no hablan; tienen
ojos, y no ven; tienen oídos, y no oyen; tampoco
hay aliento en su boca. Los que los hacen serán
semejantes a ellos, sí, todos los que en ellos confían.*
SALMO 135.15-18 LBLA

❀

En la vida moderna usamos la palabra *ídolo* muy a la ligera, no
refiriéndonos a las estatuas de oro, sino a las celebridades o las
personas que admiramos. A pesar de ello, la verdadera idolatría es un
asunto grave. La riqueza, la belleza, el poder, la libertad, el control o la
seguridad pueden convertirse en ídolos para nosotros.

Los ídolos pueden estar hechos de cosas buenas como las
relaciones, las familias, la religión o el trabajo. Cuando el salmista
afirma que nuestros ídolos son la obra de nuestras manos, nos
está diciendo de mirar nuestra propia vida, las cosas en las que
invertimos nuestro tiempo, energía, pensamientos y recursos con tal
de conseguirlas. Cualquier cosa que amemos y deseemos más que a
Cristo se convierte en un ídolo.

Los ídolos no pueden decirnos palabras transformadoras. No
pueden ver todo lo que nos sucede, en pasado, presente y futuro, y
no pueden escuchar nuestra petición de ayuda a gritos. El salmista
nos advierte que aquellos que se gastan para hacer ídolos se volverán
como ellos, sin poder y sin vida.

Pasa tiempo en oración y pídele a Dios que te revele cualquier
ídolo al que estés sirviendo.

*Bondadoso Salvador que moriste por liberarme, te ruego
que me muestres las cosas que amo más que a ti. Amén.*

¿ANUAL O PERENNE?

Son como árboles plantados a la orilla de un río, que siempre dan fruto en su tiempo. Sus hojas nunca se marchitan, y prosperan en todo lo que hacen.

SALMO 1.3 NTV

❈

Emily y Lisa tenían mucho en común, pero sus preferencias en la jardinería no era una de ellas. Cada primavera, Emily corría al centro de jardinería de la tienda local de materiales de renovación para comprar carros de hermosas flores. Muy pronto, su patio era una fiesta de colores, desde margaritas a zinnias y todo lo demás.

Mientras Emily estaba ocupada en la tienda de materiales, Lisa esperaba pacientemente. Había hecho su plantado en otoño y en años anteriores, de manera que, llegada la primavera, solo tenía que esperar. Nada inspiraba esperanza en Lisa como los pequeños brotes verdes que asomaban su cabeza fuera de la tierra fría durante demasiado tiempo.

¿Anuales o perennes? Cada una de ellas tiene sus ventajas. Las anuales son baratas, proporcionan una gratificación instantánea e impiden que el aburrimiento se haga dueño de la situación. Las perennes requieren una inversión inicial, pero se las cuida como es debido, proporcionan fielmente belleza año tras año, mucho después de que las anuales se hayan secado y hayan muerto. Y, lo que es más, las perennes son más grandes y más exuberantes cada año. Están concebidas para disfrutarlas durante mucho tiempo, no es una belleza a corto plazo sino a largo plazo.

La aplicación para nuestra vida es doble. Primero, sé como las perennes, duraderas, resistentes, de lento crecimiento, constante y fiel. En segundo lugar, que no te desalienten tus inevitables temporadas de letargo. Cuida de tu alma y te recompensará con años de exuberante floración.

Padre, sé tú el jardinero de mi alma. Amén.

ESCOGE

Pero si a ustedes les parece mal servir al Señor,
elijan ustedes mismos a quiénes van a servir [...].
Por mi parte, mi familia y yo serviremos al Señor.
JOSUÉ 24.15 NVI

❀

Bajo la poderosa mano de Dios, Josué condujo a los israelitas a la Tierra Prometida. Hacia el final de su vida, congregó al pueblo y compartió la historia de la liberación del Señor. Luego expuso la elección que tenían delante de ellos. Josué dio ejemplo proclamando enfáticamente su lealtad al Señor.

Nosotras también tenemos que escoger a quien serviremos. La verdad es que todos servimos a algo. Puede ser una carrera, el dinero, la apariencia y hasta las relaciones. Aunque es posible que no lo admitamos, nos convertimos en esclavas de aquello que hayamos elegido servir. Jesús nos advierte en Mateo 6.24 que no podemos servir a dos señores. Odiaremos al uno y amaremos al otro, o nos entregaremos a uno y despreciaremos al otro. Aquí, Jesús se estaba refiriendo al dinero, pero nuestro ídolo podría ser cualquier cosa. ¿Quién o qué cautiva tus pensamientos, motiva tus actos o inspira tus pasiones? ¿A quién amas con todo tu corazón, alma, mente y fuerza? ¿Qué posee la lealtad de tu corazón?

Seamos más específicas. ¿Qué te impide asistir a la iglesia? ¿Qué se interpone en tu camino a la hora de leer la Biblia? ¿Qué frena tu obediencia al Señor? La respuesta a estas difíciles preguntas revela aquello que hemos escogido servir. ¡Sigamos el ejemplo de Josué escogiendo servir al Señor con todo lo que tenemos!

Amado Señor, perdóname por escoger servir cualquier
cosa que no seas tú. Ayúdame a amarte fielmente. Amén.

LO PRIMERO ES LO PRIMERO

A la mañana siguiente, antes del amanecer, Jesús
se levantó y fue a un lugar aislado para orar.
MARCOS 1.35 NTV

✵

Jana estaba preparando su bolso para un viaje de fin de semana. No parecía tener tantas cosas, pero por mucho que lo intentó, no consiguió meterlo todo. Finalmente, Lisa, su compañera de habitación, vino al rescate. En pocos minutos tenía el bolso empacado y estaba lista para marchar.

"¿Pero cómo lo has hecho?", preguntó Jana, asombrada por su eficiencia.

"Sencillo — respondió Lisa—; pongo lo grande primero. Una vez colocado, resulta mucho más fácil rellenar el espacio restante con las pequeñas cosas, solo tienes que empezar por lo más grande".

Este concepto también funciona para nuestra vida, y no hay mejor ejemplo de ello que Jesús durante su ministerio terrenal. Sus días estaban llenos de urgencia; independientemente de dónde estuviera y de lo que hiciera, alguien quería algo de él. A pesar de ello, nunca parecía tener prisa y siempre llevó a cabo todo lo que era necesario hacer. ¿Su secreto? Las prioridades de Jesús estaban claramente en orden. Hizo primero las cosas importantes, como pasar tiempo con su Padre.

Si estás teniendo problemas para encajarlo todo en tu vida, tómate un momento para desempacar tu bolso y vuelve a evaluar tus prioridades. Haz las cosas grandes primero, y todo lo demás irá a su sitio.

Padre, no puedo negar que estoy ocupada y que
hay mucho por hacer. Ordena mis prioridades;
ayúdame a ponerte a ti primero y a confiar en
que tú me ayudarás a hacer el resto. Amén.

BELLEZA PIADOSA

*Como argolla de oro en hocico de cerdo
es la mujer bella pero indiscreta.*
PROVERBIOS 11.22 NVI

❈

La sociedad actual ha redefinido la belleza y, ciertamente, la discreción no forma parte de ella. No hay nada discreto en los anuncios de lencería sexy que vemos en las revistas y hasta en la televisión durante el horario de máxima audiencia.

Algunas de las estrellas femeninas más atractivas no hacen uso de la discreción al elegir su vestimenta, la crianza de sus hijos, el materialismo, las drogas y las relaciones con los hombres. A pesar de ello, estas mujeres son el modelo a imitar para las adolescentes. ¿Qué le ha ocurrido al refrán "el hábito no hace al monje"? "¿Qué le ha sucedido a la modestia?".

Estamos llamadas a honrar al Señor demostrando discreción. Al hacerlo, también guardamos nuestro corazón. La Biblia define al corazón como "el manantial de la vida". Resulta difícil vivir una vida pura para Jesús mientras careces de modestia en la elección de tu ropa, el lenguaje y el estilo de vida.

Un anillo de oro es algo que tiene belleza, ¡pero en el hocico de un cerdo pierde rápidamente su atractivo! Una mujer hermosa sin discreción puede atraer a una multitud, pero no a la adecuada. Puede ser atractiva para un hombre, pero no para alguien piadoso. Recibirá atención, pero, lamentablemente, llegará en forma de shock en lugar de respeto.

Como mujer cristiana, no importa tu forma o tu talla, tu altura ni el color de tu cabello; eres *bella*. La belleza se encuentra primero en el corazón. Resplandece a través de las actitudes y los actos que honran a Dios. Esta es la verdadera belleza.

*Señor, cuando me siento tentada a usar la
belleza para atraer al mundo hacia mi cuerpo,
recuérdame que una mujer piadosa usa la
modestia para señalarte al mundo. Amén.*

UNA NUEVA PERSPECTIVA

*Pero no olviden, queridos hermanos, que para el Señor
un día es como mil años, y mil años como un día.*
2 PEDRO 3.8 NVI

❋

Imagina que tu día de trabajo durara cinco minutos. Apenas tendrías tiempo de fichar y sentarte detrás de tu escritorio. Tardarías un minuto o dos comprobando tu correo electrónico y, de repente, el día habría acabado. El tiempo habría volado.

¿Pero y si pasas cinco minutos detenida ante un semáforo? Te parecería una eternidad. Cinco minutos pueden volar o pueden hacerse eternos. Todo depende de tu perspectiva.

Para Jonás, pasar unas cuantas noches en el vientre de un pez cambió su perspectiva; pasó de hacer lo posible para evitar a Dios a hacer lo que fuera para seguirlo en obediencia. Para Job, perderlo todo cambió su perspectiva; de disfrutar los lujos de la vida pasó a ponerse de rodillas y suplicar a Dios que lo librara. Para Saulo, una luz cegadora cambió su perspectiva; de invertir su vida en la cacería de los cristianos y perseguirlos, pasó a derramar su vida a los pies de la cruz.

Si te estás sintiendo preocupada, cargada o abrumada, da un paso atrás y mira la imagen panorámica. Pídele a Dios que te dé algo de su perspectiva. Mantener una perspectiva bíblica de nuestras circunstancias puede significar la diferencia entre la paz y la angustia, entre la tristeza y el gozo.

*Padre, admito que a menudo mis circunstancias me
desalientan. Te ruego que me des una nueva perspectiva
y me ayudes a ver mi vida a través de tus ojos. Amén.*

LIMPIEZA DE PRIMAVERA

Purifícame de mis pecados, y quedaré limpio;
lávame, y quedaré más blanco que la nieve.
SALMO 51.7 NTV

❋

Tradicionalmente, cuando la nieve se derrite y los narcisos florecen es el momento de encaminar nuestro pensamiento hacia la limpieza de primavera. Las mujeres antiguas colgaban los *quilts* al aire libre, echaban las alfombras sobre la cerca para golpearlas y quitarles el polvo, lavaban los techos y las paredes para eliminar las huellas del humo de madera y carbón, y acometían una lista interminable de tareas primaverales necesarias.

En la actualidad, nuestras casas son más eficaces y no requieren una limpieza tan profunda cada primavera, pero seguimos tendiendo a aliviar la aglomeración de cosas y a redecorar para renovar el ambiente.

Cuando miramos dentro de nuestro corazón, podemos encontrar siempre lugares donde vendría bien una buena limpieza anual. En los rincones oscuros del corazón hay pelusas de polvo de envidia y temor. En el suelo y los muebles hay un desorden de estrés y lucha. Del techo cuelgan telarañas de preocupación y confusión. Y, enterrado y olvidado bajo todo esto se hallan el gozo y la paz que Dios pretendía para que disfrutáramos de la vida.

Aunque requiere tiempo, enfoque, y, a veces, un poco de dolor, el inventario espiritual merece la pena para aligerar nuestras cargas y renovar nuestra actitud.

Amado Señor, ayúdame a tomar el tiempo necesario
para hacer una limpieza espiritual. Ayúdame a barrer la
colección de basuras para que mi alma se renueve. Amén.

CRISTO, NUESTRO SANTUARIO

Oh Dios, tú eres mi Dios; te buscaré con afán.
Mi alma tiene sed de ti, mi carne te anhela cual
tierra seca y árida donde no hay agua.
SALMO 63.1-2 LBLA

❈

Un santuario puede hacerte pensar en una iglesia, un altar, un lugar de tranquila belleza, un lugar de adoración. También puedes imaginar un lugar de descanso y seguridad donde los animales pueden vivir protegidos. En varios momentos de la historia, un santuario era un lugar de refugio donde hasta los criminales acusados podían buscar asilo.

Cristo mismo es nuestro santuario. El salmista habla de tener hambre y sed, tanto corporal como del alma. ¿Qué está buscando? Está buscando a Dios. Claramente, no encontró la salvación en la tierra seca y sedienta donde no había agua; tampoco la hallaremos nosotras. Las ofertas del mundo, su consejo y sus sustancias no tienen nada que nos sustente. La satisfacción solo se puede encontrar en la relación con Jesucristo, Aquel que se autodenominó agua viva y pan de vida. El poder y la gloria de Dios son manifiestos en él. En Mateo 11.20, Jesús nos invita a venir a él porque encontraremos descanso para nuestras almas. Cristo mismo es el santuario, el lugar de descanso, protección y refugio.

Señor Jesús, perdóname por buscar descanso
y satisfacción en el desierto de este mundo.
Gracias por ser mi santuario. Amén.

CUANDO PIENSO EN LOS CIELOS

*Cuando contemplo tus cielos, obra de tus dedos,
la luna y las estrellas que allí fijaste, me pregunto:
«¿Qué es el hombre, para que en él pienses? ¿Qué
es el ser humano, para que lo tomes en cuenta?».*

SALMO 8.3-4 NVI

❋

¿Alguna vez dedicas tiempo a pensar en la inmensidad de Dios? ¿Su grandeza? ¿Su majestad? Cuando reflexionas en su creación —los cielos, la luna y las estrellas— ¿te sientes diminuto en comparación? ¿Te preguntas cómo, en medio de tanta grandeza, él hasta recuerda tu nombre, por no hablar de los detalles de tu vida o de los problemas que atraviesas?

Hija de Dios, eres importante para tu Padre celestial; más que el sol, la luna y las estrellas. Se te ha creado a imagen de Dios y a él le importas. De hecho, le importas tanto que envió a su Hijo, Jesús, para que ofreciera su vida como sacrificio por tus pecados.

La próxima vez que mires al cielo, que exclames *ooh* u *aah* ante una montaña majestuosa o las olas de esmeralda que se estrellan contra la orilla, recuerda que en todo su esplendor, esas cosas no te llegan a la suela de los zapatos, porque tú eres la más extraordinaria creación de Dios.

*Oh, Padre; cuando contemplo todo lo que has
creado, me siento tan abrumada con tu identidad.
¿Quién soy yo para que tomes el tiempo de pensar
en mí? Y, sin embargo, lo haces. Me amas, y, por
ello, ¡te estoy eternamente agradecida! Amén.*

¡COMPRUEBA LA ANSIEDAD!

*No se inquieten por nada; más bien, en toda
ocasión, con oración y ruego, presenten sus
peticiones a Dios y denle gracias.*
FILIPENSES 4.6 NVI

❄

Las mujeres del siglo veintiuno siempre están comprobando cosas.
Un extracto bancario. El correo electrónico. Los mensajes de voz.
La lista de la compra. Y, por supuesto, la lista de las cosas por hacer.
Rutinariamente hacemos comprobar el aceite, las ruedas y el fluido
del freno. Y no se nos ocurriría abandonar la casa durante el día sin
verificar nuestro aspecto en el espejo. Hasta hacemos una doble
comprobación de nuestro bolso para asegurarnos de que llevamos
todo lo básico: carmín, máscara de pestañas y el teléfono celular.

Sí, la comprobación es una parte de nuestro vivir, ¿no es así?
Lo hacemos sin darnos cuenta. Verificar que hemos cerrado la puerta
con llave, apagado la cocina, y desenchufado las tenazas eléctricas
del cabello es algo que surge con naturalidad. Entonces, ¿por qué
olvidamos algunas de las comprobaciones más importantes de la
vida? Tomemos, por ejemplo, la ansiedad.

¿Cuándo fue la última vez que comprobaste tu ansiedad? ¿Hace
días? ¿Semanas? ¿Meses? Existen muchas probabilidades de que
necesites otra verificación. Después de todo, tenemos instrucciones
de no angustiarnos por nada. En vez de ello, debemos presentar
nuestras peticiones de Dios con agradecimiento en nuestro corazón.
Hemos de acudir a él en oración para que él tome nuestras cargas.
Una vez quitadas, ¡podemos decirle adiós a la ansiedad!

*Padre, a veces me angustio. Y no siempre recuerdo
acudir a ti con mi ansiedad. En realidad, olvido
comprobarla. Hoy te la entrego. Gracias porque
puedo presentarte mis peticiones. Amén.*

LA TRAMPA DE LA APROBACIÓN

El que adula a su prójimo le tiende una trampa.
PROVERBIOS 29.5 NVI

❋

A todas nos gusta gustar. La naturaleza humana quiere validación, sobre todo de aquellos a los que amamos y respetamos. Existe, sin embargo, una trampa en amar la alabanza de los demás. Necesitar la aprobación de las personas puede convertirse en una forma de idolatría. Cuando esto ocurre, perdemos la libertad que Jesús pretende que tengamos. Hacemos nuestras elecciones basándonos en lo que otra persona dirá o pensará. Empezamos a vivir nuestra vida buscando el aplauso y los halagos de otros. Con frecuencia transigimos en cuanto a nuestra identidad y algunas de las cosas que deberíamos estar haciendo en la vida.

Cuando estás segura de que Dios te ama y te acepta en Cristo, independientemente de lo que hayas hecho, no necesitarás las alabanzas de los demás. Es posible que, en ocasiones, recibas alabanzas mundanas —y puedes hacerlo con gracia—, pero no las necesitarás, porque tu seguridad descansa firmemente en tu aprobación de Dios mismo.

Señor, gracias por aceptarme y por perdonar todos mis pecados. Muéstrame si me he convertido en una esclava de las opiniones sobre mí y ayúdame a liberarme de la necesidad de su aprobación. Amén.

EL PODER DE LA PALABRA

El cielo y la tierra pasarán, mas mis palabras no pasarán.
LUCAS 21.33 LBLA

❊

Cada palabra pronunciada por los profetas del Antiguo Testamento sobre Jesús se cumplió. Cada palabra que Jesús articuló cuando vivió en la tierra fue cierta y poderosa. El evangelio de Juan nos dice que él *es* la Palabra viva de Dios.

Cuando la Palabra de Dios se planta en nuestra vida, puede transformarnos, ahogando la mala hierba de la distracción, de la indiferencia y de la incredulidad. Porque Jesús vive, cada palabra que pronunció tiene hoy poder. Por el Espíritu Santo, las palabras de Dios pueden cumplir su voluntad en nuestra vida, así como ocurrió cuando Jesús habló a los que lo rodeaban cuando caminaba en la tierra.

Ora pidiendo tener deseo de leer la Palabra y la memoria para traerla a tu mente cuando la necesites. Pide a Dios que hunda la Palabra en la profundidad de la tierra de tu corazón. Ora para ver el poder transformador de la Palabra en tu vida. Aparta tiempo a diario para leer la Biblia y orar, y después observa y ve la fidelidad de Dios para hacer que su Palabra obre en tu vida.

Señor Jesús, he olvidado el poder de tu Palabra y he confiado en otras cosas más que en ti. Dame el deseo de leer y de escuchar tu Palabra y obedecer tu voz. Gracias por lo que harás en mi vida. Amén.

Un corazón fuerte

¿A quién tengo yo en los cielos, sino a ti? Y fuera de
ti, nada deseo en la tierra. Mi carne y mi corazón
pueden desfallecer, pero Dios es la fortaleza
de mi corazón y mi porción para siempre.
SALMO 73.25-26 LBLA

❋

¿Sientes alguna vez que tienes un corazón débil? ¿Te parece que no eres fuerte? ¿Te desmoronas ante cualquier minucia? ¿Te enfrentas a los desafíos de la vida con tus emociones agitadas en vez de afrontarlas de cabeza, con valor y fuerza? Si es así, no estás sola. A las mujeres del siglo veintiuno se les dice que pueden "ser todo" y "hacerlo todo", pero no es verdad. Dios nunca pretendió que fuéramos fuertes en todos los momentos de nuestra vida. Si esto fuera así, no le necesitaríamos.

Y estas son las buenas nuevas: No tienes por qué ser fuerte. En tu debilidad, la fuerza de Dios brilla a través de ti. Y sobrepasa cualquier cosa que tú pudieras producir, incluso en el mejor de tus días. Es la misma fuerza de las palabras de Dios por medio de las cuales creó la tierra. La que dividió el mar Rojo. La que realizó el viaje hasta la cima de la colina, hasta la cruz.

¿Cómo accedemos, pues, a esa fuerza? En realidad, solo hay una forma. Ve a su presencia. Pasa algún tiempo de tranquilidad con él. Reconoce tu debilidad y, después, permite que sus Fuertes brazos te abracen. Realmente no hay nada en el cielo ni en la tierra que se pueda comparar. Dios es todo lo que necesitarás jamás.

Padre, me siento tan débil en ocasiones. Resulta difícil
hasta poner un pie delante de otro. Pero sé que tú eres mi
fuerza. Vigorízame con esa fuerza hoy, Señor. Amén.

VERDES PASTOS

....

En lugares de verdes pastos me hace descansar;
junto a aguas de reposo me conduce.
SALMO 23.2 LBLA

❈

Tal vez los versículos de hoy traigan a la mente imágenes de recostarse a lo largo del arroyo de una montaña o de reposar en campo abierto. Quizá si cierras los ojos casi puedas percibir el sonido del agua corriendo contra las rocas en el lecho de un riachuelo o el aroma dulce de la hierba. ¿Qué lugar tan perfecto para encontrarte con Dios, en la silenciosa quietud?

¿Has considerado alguna vez que el Señor nos "hace" recostar en verdes pastos? El versículo no dice "nos conduce" a verdes pastos, o que "espera" que nos recostemos en verdes pastos. No, lo dice claramente. Nos *hace* recostar. ¿Pero por qué? ¿Qué importancia tiene nuestro tiempo de tranquilidad con él? Y si es verdaderamente importante, ¿por qué no lo hacemos nosotros por nuestra cuenta?

Las mujeres del siglo veintiuno llevan una vida ocupada. ¡Hay tanto que hacer y tan poco tiempo para ello! Nuestras intenciones son buenas; pretendemos encontrarnos con Dios, pero nos olvidamos. O nos ocupamos en cosas. O nos encontramos con él y después nos distraemos.

Cuando la vida está en su punto más caótico, no te sorprendas si Dios te hace recostar en verdes pastos. Él te atraerá para sacarte de tu estado de ocupación para hacerte descansar junto a un tranquilo riachuelo... y así poder tenerte por entero para sí.

Señor, no me suelo encontrar contigo junto a Corrientes
tranquilas. Con mucha frecuencia, tengo una palabra
rápida contigo en el coche de camino al trabajo.
Hoy, me comprometo a encontrarme contigo en
verdes pastos, para descansar a tus pies. Amén.

IR MÁS ALLÁ

....

*Al que puede hacer muchísimo más que todo lo
que podamos imaginarnos o pedir, por el poder
que obra eficazmente en nosotros, ¡a él sea la
gloria en la iglesia y en Cristo Jesús por todas
las generaciones, por los siglos de los siglos!*

EFESIOS 3.2-21 NVI

❋

¿Eres una de esas personas que van más allá en el trabajo, en tus
relaciones y en el juego? Tal vez te gusta hacer todo lo que has
prometido, y un poco más. Si esto es así, te pareces más a tu Padre
celestial de lo que crees. Su Palabra promete que él siempre va más
allá de lo que podríamos pedir o imaginar.

Piensa por un momento. ¿Qué has pedido? ¿Qué has
imaginado? Es sorprendente pensar a Dios, en su poder y su
sabiduría infinita; ¡él puede hacer enormemente más que todo esto!
¿Cómo? Según el poder que obra en nosotros. Afortunadamente
no es nuestro poder. No tenemos el poder suficiente para rascar la
superficie de lo que querríamos ver realizado en nuestra vida. Por su
poder en nosotros consigue que se haga el trabajo... y más.

¡Alaba al Señor! ¡Alábalo en la iglesia y a lo largo de todas las
generaciones! Él es un Dios inconmensurable.

*Padre celestial, me siento sumamente impotente en
ocasiones. Es sorprendente darse cuenta de que tienes
más poder en tu dedo meñique que toda la humanidad
en conjunto. Hoy te alabo por ser un Dios que va más
allá de todo lo que yo podría pedir o imaginar. Amén.*

UNA BENDICIÓN FAMILIAR

*Ahora que te complazca bendecir la casa de tu siervo
para que permanezca para siempre delante de ti.
Has hablado, y cuando concedes una bendición a tu
siervo, oh Soberano Señor, ¡es una bendición eterna!*

2 SAMUEL 7.29 NTV

❊

Dios es completamente digno de confianza. Piensa en esto por un momento. Cuando no podemos confiar en los demás, en él sí podemos hacerlo. Cuando no podemos fiarnos de nosotros mismos, podemos esperar en él. Dios está pendiente de todos en todo momento. Él lo tiene todo bajo control sobre todo cuando soltamos nuestro agarre.

¿Sabías que puedes confiar en Dios tanto en tu propia vida *como* en la de los miembros de tu familia? Y esto incluye a cada una de las personas de tu familia. Los padres, abuelos, hermanos, niños, tías, tíos, todos. Podemos confiar en el Señor con respecto a sus sueños, sus metas, sus aspiraciones, sus actitudes, sus reacciones, sus problemas. Puedes confiar en él para gestionar cualquier problema de relaciones. Dios lo tiene todo cubierto. Todo.

Vuelve a comprometerte hoy de nuevo, tú y tu familia, a confiar en Dios. No te angusties ni intentes arreglar a las personas. Después de todo, no es tu trabajo. Y, además, Dios está pendiente de cada uno. Así lo dijo y puedes creerlo. Su plan maestro incluye bendecir a tu familia... ¡permanentemente!

*Dios, confieso que algunas veces lucho en lo que
concierne a mi familia. Quiero arreglar a las personas.
Quiero resolver situaciones. Te doy las gracias por
recordarme que tienes grandes planes, no solo para mí,
sino también para los miembros de mi familia. Amén.*

Mensajes erróneos

No son del mundo, como tampoco yo soy del mundo.
JUAN 17.16 RVR1960

✼

El mundo envía mensajes a las mujeres a diario. Deberías ser delgada con una fantástica cabellera larga y abundante. Deberías tener un marido alto, moreno y, claro está, apuesto, y en tu dedo anular debería haber un resplandeciente diamante. Deberías oler al más fino y caro perfume. Y si quieres que te quieran, deberías vestir y hablar de un cierto modo y vivir en un barrio concreto.

Pero los creyentes en Cristo no son de este mundo. Estamos *en* él, pero no somos *de* él. Aquí solo somos visitantes, y el cielo será nuestro hogar eterno. Mientras estemos aquí en la tierra, debemos evitar creer las cosas que el mundo nos susurra. No pasa nada si no eres hermosa a los ojos del mundo. Dios te ve como una hija bella, ¡lo bastante importante como para dar la vida de su Hijo por ti! Diamantes y perfumes no son la definición de una mujer. El corazón es lo que la define y si está dirigido hacia Jesús brillará con más resplandor que cualquier diamante.

Padre, recuérdame hoy que me desintonice con el mundo y me sintonice con lo que tú tengas que decir sobre mí. Amén.

HACER NUESTRA PARTE

*Así que, mis queridos hermanos, como han
obedecido siempre —no sólo en mi presencia sino
mucho más ahora en mi ausencia— lleven a cabo
su salvación con temor y temblor, pues Dios es
quien produce en ustedes tanto el querer como el
hacer para que se cumpla su buena voluntad.*

FILIPENSES 2.12-13 NVI

❖

Dios es el autor de la vida, tanto física como espiritual. Él nos da libertad para que amemos o que hagamos un mal uso de la vida que se nos ha dado. Los cuerpos saludables no ocurren porque sí. Se requiere esfuerzo y sacrificio por nuestra parte para asegurarnos de que hacemos el ejercicio adecuado, para seguir una dieta y dormir. Podemos hacer *jogging* antes de ir al trabajo, apagar la televisión por las noches para irnos a la cama o limitar nuestra ingesta de dulces. Un cuidado apropiado de nuestro cuerpo físico nos capacitará para disfrutar al máximo de la vida en la tierra.

Del mismo modo, debemos hacer el esfuerzo de mantener una salud espiritual óptima. El crecimiento espiritual no ocurre por sí solo: requiere disciplina. Se precisa obediencia. Leer la Palabra de Dios es un extraordinario principio, pero debemos llevarlo un paso más adelante. Es necesario que transfiramos el conocimiento de nuestra cabeza al corazón mediante la aplicación de la verdad divina a la vida cotidiana.

Las buenas nuevas son que no estamos solas en nuestra búsqueda de la salud espiritual. A lo largo del camino, el Espíritu Santo nos proporciona el deseo y la capacidad de seguir al Señor. No olvidemos que el crecimiento espiritual no solo es beneficioso para esta vida, sino para la venidera.

*Amado Señor, haz que pueda aplicar
obedientemente tu verdad a mi vida diaria.
Gracias por ayudarme en este proceso. Amén.*

EL TRABAJO DURO DEL OBRERO

¿Qué provecho saca quien trabaja, de tanto
afanarse? He visto la tarea que Dios ha impuesto
al género humano para abrumarlo con ella.
Dios hizo todo hermoso en su tiempo.
ECLESIASTÉS 3.9-11 NVI

❋

La mayoría de las mujeres son sumamente trabajadoras. Pasan horas
al día preocupándose por las necesidades de los demás o trabajando.
Se entregan incansablemente y llegan a casa agotadas, al final del día.
No siempre les queda mucha energía para desarrollar una relación
eficaz con el Señor.

Si eres el tipo de mujer que trabaja de forma especialmente
dura, podrías preguntarte si encontrarás alguna vez la belleza en tus
tareas. Tal vez todo parezca en vano, para beneficio de otra persona.
¡Anímate! El trabajo es una necesidad, pero no tiene por qué tener
que consumirte. Estate alerta para no perderte las señales que te
indican que estás trabajando demasiado duro. Si tu tiempo de oración
está sufriendo o si no te sientes tan cerca del Señor como antes,
puede ser hora de reorganizar tu programa.

La clave es mantener las cosas en equilibrio. Trabajar duro es
bueno, pero también lo es el descanso. Y si estás tan cargada que ya
no eres eficaz, es definitivamente tiempo de un cambio. Considera
lo que te impulsa a trabajar tan duro. Entonces, según seas capaz,
trabaja con el Señor para llevar cada ámbito de tu vida a un equilibrio
perfecto.

Señor, a veces pienso que mi vida está desequilibrada.
Trabajo demasiado duro y, después, es como si me
estrellara. Mis tiempos de bajón son demasiado
bajos. Pon orden en mi vida, Padre. Ayúdame a
mantenerlo todo en perfecto equilibrio. Amén.

Solo uno

Uno de ellos, al verse ya sano, regresó
alabando a Dios a grandes voces.
Lucas 17.15 NVI

❋

Doce hombres se hallaban afligidos por la horrible enfermedad de la lepra. Diez se encontraron con Jesús cuando él cruzaba su aldea. Diez clamaron, dirigiéndose a él por su nombre: "Jesús, maestro, ¡ten compasión de nosotros!". Diez recibieron sanidad del Señor.

Ese día eran diez hombres, pero, después de un momento, solo había uno.

Un hombre se volvió aprisa sobre sus pasos y se postró a los pies de Jesús. Con la misma voz potente que había suplicado misericordia, le ofreció su agradecimiento y su alabanza.

Leemos este pasaje y queremos sacudir la cabeza por los otros nueve. ¿Cómo pudieron olvidarse de darle gracias a Jesús? ¡Acaban de quedar sanos de la lepra! ¿Cómo pudieron seguir adelante con su vida sin honrarlo con su gratitud?

Antes de juzgar con demasiada dureza, debemos examinar nuestros propios corazones. ¿Nos acordamos de darle gracias a Dios cuando responde a una de nuestras oraciones?

¿Le das gloria por contestar a tus oraciones por la restauración del matrimonio de una amiga o te limitas a comentar que es maravilloso que la pareja haya decidido volver a unirse? Le agradeces que haya provisto un nuevo trabajo después de que tu grupo de estudio bíblico haya orado por ti? ¿O tal vez estás demasiado ocupada escogiendo el vestido y los zapatos de tacón que usarás en tu primer día?

Se requiere disciplina para reaccionar como ese leproso y no como los otros nueve. Dios se deleita cuando encuentra a un creyente de corazón agradecido.

Ayúdame, Señor, a tener un corazón agradecido. Amén.

CAMBIAR CORAZONES

En las manos del Señor el corazón del rey es como
un río: sigue el curso que el Señor le ha trazado.
PROVERBIOS 21.1 NVI

❋

En ocasiones, las relaciones pueden resultar difíciles. Incluso cuando la comunicación es buena y ambas personas son cristianas, sigue habiendo conflicto cuando dos seres humanos tienen una relación a largo plazo. Hijos, padres, colaboradores, compañeros de piso, amigos, hermanas, excónyuges, y parientes políticos pueden frustrarnos en un momento u otro. Tenemos nuestros propios deseos y metas que queremos satisfacer, ellos tienen su programa y sus necesidades, y todos tienen egoísmo en su corazón. ¿Cómo podemos superar los deseos que compiten y que chocan entre sí, dañando nuestras relaciones?

La oración es un ingrediente clave a la hora de buscar relaciones exitosas. Podemos orar para que nuestro propio corazón cambie y también el de aquellos con los que estamos en conflicto. Dios puede moldear nuestros afectos, y lo hará, y puede cambiar la mente de aquellos por los que oramos. Para él no es difícil, a pesar de que nos olvidemos con facilidad de pedírselo. ¿Qué relaciones necesitan hoy oración en tu vida?

Padre celestial, en mi corazón y en mi mente, y
en los de aquellos que amo no hay nada que tú
no puedas cambiar. Vuelve mi corazón a ti para
desear lo mejor que tengas para mi vida. Amén.

¿D. E. C.?

*¿Por qué, Señor, te mantienes distante? ¿Por
qué te escondes en momentos de angustia?*

SALMO 10.1 NVI

❄

¿Sientes alguna vez que Dios está "desaparecido en combate"?
¿Cómo si resultara difícil contactar con él cuando más lo necesitas?
¿Te has preguntado alguna vez si, en realidad, el Señor te estuviera
evitando durante tus momentos de crisis? ¿Si incluso le importa lo
que estás atravesando?

Dios no se dedica a evitarte. Le importas muchísimo. De
hecho, te ama profundamente y está contigo en las duras y en las
maduras. Si te encuentras en un periodo en el que su voz parece ir
debilitándose, tómate el tiempo de escuchar con mayor atención. Si
todavía no puedes escuchar su voz, recuerda que hay momentos en
los que él escoge permanecer silencioso. Esto no significa que no esté
allí o que no le importe. Nada podría estar más alejado de la verdad.
Tal vez solo esté esperando para ver si vas a actuar por lo que ya
sabes, por lo que ya te ha enseñado.

Si la voz de Dios no es clara justo en este momento, remóntate a
lo último que le hayas oído decir a tu corazón. Actúa según esto. Solo
sigue caminando sistemáticamente en fe, amor y esperanza. Y no
tardarás en volver a escuchar su voz... clara como el cristal.

*Señor, hoy clamo a ti. A veces siento como si no
estuvieras presente. Hasta que escuche tu voz, seguiré
creyendo, esperando y viviendo una vida de fe. Amén.*

COMBATE DE LUCHA

¿Hasta cuándo he de estar angustiado y he de
sufrir cada día en mi corazón? ¿Hasta cuándo
el enemigo me seguirá dominando?

SALMO 13.2 NVI

❋

A diario luchamos con pensamientos que tal vez no agraden a
Dios. Al fin y al cabo, todo lo que pasa por nuestra mente o nuestra
imaginación es edificante para él. Y es frustrante saber que no
llegamos a estar donde deberíamos, sobre todo en lo tocante a
nuestros pensamientos o sentimientos.

Cuando luchamos con nuestros pensamientos, el enemigo está
entusiasmado. Pero necesita una segunda mirada. Los pensamientos
fugaces no son pecaminosos a menos que actuemos siguiéndolos.
Y si podemos detenerlos cuando no son más que pensamientos —si
podemos llevarlos bajo la sangre de Jesús— ¡la batalla ya está ganada!
Satanás puede estar jubiloso ahora, pero cuando reconocemos que
somos más que vencedores por medio de Cristo, él deja de regocijarse
y está vencido.

Tu mente es el campo de batalla. Por ello, se nos aconseja que
llevemos todo pensamiento cautivo, porque el enemigo intentará
derrotarnos en nuestra mente antes incluso de que los actos lleguen
a ella. En lugar de luchar con tus pensamientos, haz un esfuerzo
consciente a entregar nuestros pensamientos a Aquel que es capaz
de manejarlos.

Padre, a veces no me gustan los pensamientos que cruzan
mi mente. Sé que no son tuyos. Hoy, te los entrego. ¡Haz que
el enemigo ya no triunfe sobre mí en este ámbito! Amén.

Un arroyo lo atraviesa

¿Hasta cuándo he de estar angustiado y he de sufrir cada día en mi corazón? ¿Hasta cuándo el enemigo me seguirá dominando?

Juan 7.38 lbla

❀

El agua del aspersor surgió haciendo un arco en el aire, lanzando gotas sobre la hierba. No fue hasta pegar contra una gran encina cuando perdió su trayectoria y cayó al suelo. El agua no podía atravesar el árbol. Sí, la sedienta encina absorbió la humedad que precisaba, pero detuvo los chutes de agua.

¿Detenemos nosotros el agua vivificante del Salvador e impedimos que salga a borbotones de nuestro corazón? ¿Hay, acaso, una gran encina —tal vez el temor, la duda, la ira— arraigado dentro de nosotros que para el flujo de agua?

Jesús nos alentó a creer en él para que hubiera un desbordamiento del Espíritu sobre los demás. Si albergamos emociones destructivas, el Espíritu está pegando contra una encina. No fluye de nosotros. Aunque nuestras circunstancias podrían no ser perfectas, se nos sigue pidiendo que dejemos fluir el río.

Amado Padre celestial, ayúdame a desentrañar cualquier cosa que impida que el Espíritu Santo obre en mi vida. Gracias, Señor. Amén.

CONVIÉRTETE EN UNA MUJER
QUE CAMBIA AL MUNDO

*Mi mandato es: "¡Sé fuerte y valiente! No tengas
miedo ni te desanimes, porque el Señor tu Dios
está contigo dondequiera que vayas".*

JOSUÉ 1.9 NTV

❋

En la Palabra de Dios, las mujeres de todas las profesiones y orígenes
son cambiadas por gracia y, entonces, con la ayuda del Espíritu
Santo, transforman a las personas de su alrededor. En el Antiguo
Testamento, Dios hace resplandecer la luz sobre una reina de belleza
(Ester) que salva a toda una generación de personas con su valor. En
Éxodo, la hermana de Moisés, María, exhorta a sus paisanos israelitas
a adorar. Y, en el Nuevo Testamento, Lidia y Tabita dirigen negocios
de éxito e invierten sus beneficios en el ministerio a los pobres.

Dios quiere que tú también cambies tu mundo. ¿Te asusta este
pensamiento? Cualquiera que sea el puesto al que Dios te ha llamado,
él te equipará para la tarea. ¿Eres una mujer de negocios? Él te guiará
para que hagas tu trabajo con integridad y fidelidad. ¿Tienes a toda
un aula de niños mirándote? Dios te dará la energía y la creatividad
para disciplinarlos, dirigirlos y enseñarles. Tal vez hayas sentido un
llamado al ministerio, y te preguntes si has oído bien la voz de Dios.
A través de las circunstancias, las Escrituras y mentores cristianos
maduros, él te aclarará la senda que quiere que tomes.

No temas seguir a Dios, dondequiera que te dirija. En cada era,
las mujeres han cambiado al mundo, porque permanecieron fieles a
Dios y siguieron su liderazgo.

*Señor, ayúdame a ser fuerte y valiente al seguirte
dondequiera que me dirijas. Quiero que me uses para
poder ayudar a que el mundo cambie. Amén.*

MANOS QUE SOSTIENEN

En tu mano están mis tiempos; líbrame de la mano
de mis enemigos y de mis perseguidores.
SALMO 31.15 RVR1960

❈

Nuestra vida se compone de segundos, minutos, horas, días, semanas, meses y años. Pensamos en cada uno de estos incrementos en distintas situaciones. Contemplamos un reloj y pensamos en segundos, minutos y horas. Nuestro calendario nos muestra días, semanas y meses. Con ocasión de un cumpleaños o de unas vacaciones, reflexionamos sobre todo un año. Es posible que pensemos en la era en que vivimos y en la cultura que nos rodea y que pertenece a esa franja de tiempo. Podemos pensar demasiado en el pasado o preocuparnos en demasía por nuestro futuro. Todo esto forma parte de los tiempos que el salmista coloca en las manos de Dios.

Piensa en las manos de Dios que sostienen nuestro tiempo. Son las manos que fabricaron el mundo. Las que tomaron una costilla de Adán y crearon a Eva. Las que sanaron a los ciegos y a los cojos. Las que partieron el pan en un aposento alto. Las que fueron clavadas a una cruz. Son las manos extendidas con misericordia hacia el dubitativo Tomás. Nuestros tiempos, desde nuestros momentos hasta nuestros años, están en las manos del Creador, Sanador, Sustentador, Proveedor, Redentor y Amante de nuestras almas. No hay nada que él no pueda hacer. Sabiéndolo, el salmista le entrega sus temores a Dios... Tú puedes hacer lo mismo.

Clemente Dios que gobiernas y reinas sobre todos
mi días, haz que recuerde que tus amorosas manos
me sostienen y que nunca me soltarás. Amén.

Tomó las cosas en sus propias manos

Pero los planes del Señor se mantienen firmes para
siempre; sus propósitos nunca serán frustrados.
Salmo 33.11 ntv

❇

Génesis 27 narra la historia de Jacob, Esaú y su entrometida madre, Rebeca. Le preocupaba tanto el futuro de su hijo que se ocupó ella misma de él.

Un achacoso Isaac dio instrucciones a Esaú para que le preparara una comida y pudiera recibir la bendición reservada al hijo primogénito. Rebeca escuchó esta conversación y urdió rápidamente un nuevo plan para que fuese Jacob, su hijo menor, quien la obtuviera. El plan de Rebeca funcionó y, antes de que Esaú regresara de cazar, su hermano Jacob le había robado la bendición. Aunque Romanos 9.11 afirma que este había sido, en todo momento, el plan de Dios, la interferencia de Rebeca provocó una polémica potencialmente letal entre sus dos hijos ya adultos.

¿Te impacientas por el desarrollo de los planes de Dios? ¿Te sientes tentada a tomar las cosas en tus propias manos de una forma manipuladora? A veces esto funciona y nuestros planes tienen éxito, como ocurrió con los de Rebeca. Sin embargo, cuando actuamos de este modo, las consecuencias pueden ser a menudo desastrosas. Aprende a esperar en Dios. Puedes estar seguro de que sus planes y sus propósitos se cumplirán. Y su camino siempre es el mejor.

Gracias, padre, porque tus planes son firmes, incluso
cuando intento intervenir. Ayúdame a esperar
pacientemente en ti y a confiar en que tú llevarás a
cabo tus planes a tu manera y en tu tiempo. Amén.

Autosacrificio, no autoayuda

*Luego Jesús dijo a sus discípulos [...]. Si tratas
de aferrarte a la vida, la perderás, pero si
entregas tu vida por mi causa, la salvarás.*
Mateo 16.24-25 ntv

✸

Cada cierto tiempo, un libro de autoayuda cautiva a los lectores y
sube como la espuma en las listas superventas. El texto suele ser
una combinación de sentido común y filosofía de la Nueva Era, con
unos cuantos versículos bíblicos añadidos en aras del equilibrio.
Sus principios muestran buenos y malos consejos, y sus seguidores
tienden a ser entusiastas al respecto. Indudablemente, el libro puede
tener algún mérito, pero no tiene en cuenta a Dios. Y las Escrituras
dicen que todo lo que no se haga con y para Dios, no tiene sentido.

Como Jesús les dijo a los discípulos, cualquiera que pretenda
seguir a Dios tiene que dejarle liderar. No podemos hacer planes
y pedirle a Dios que los bendiga. En vez de ello, debemos aceptar
el sacrificio de Jesús, pedir su perdón y su gracia, y entregarnos a
él. A su vez, él nos dará el Espíritu Santo, cuya presencia nos da
consuelo, guía y la fuerza de seguirle. Y nos capacitará para aceptar el
autosacrificio.

¿Quieres lograr grandes cosas? Pídele a Dios que te dirija y
sigue las instrucciones que él revele. Después de todo, su idea de
éxito puede ser muy distinta de la tuya. Estas son las buenas noticias:
sus sueños para nosotros son perfectos, porque él nos creó. Y el
futuro que tiene para nosotros satisfará verdaderamente nuestra
alma, a medida que nos vamos convirtiendo en aquello para lo que él
nos creó.

*Señor, ayúdame a aprender y a seguir tu camino, por
medio del autosacrificio y no de la autoayuda. Amén.*

IRA

....

*Si se enojan, no pequen. No dejen que el sol se ponga
estando aún enojado, ni den cabida al diablo.*

EFESIOS 4.26-27 NVI

❋

La ira es una emoción que puede causar gran daño si no la
controlamos. Puede resultar en pecado que nos afecta personalmente
y a las personas que nos rodean. ¿Cómo encargarnos de esta emoción
y manejarla de forma adecuada?

La ira puede surgir en nuestro corazón, porque alguien nos
haya hecho daño. El dolor enciende una diminuta chispa de fuego
en lo más profundo de nosotros. Podemos darle fuelle a la llama
permitiendo que nuestra mente no deje de pensar en el agravio. Al
sacar a la luz pasadas ofensas, añadimos combustible al fuego. Pronto,
la pequeña chispa se ha convertido en un fuego ardiente en nuestra
alma que busca una salida. Buscamos venganza, y hasta queremos
infligir dolor a quien nos ha atacado. Arrememetemos verbalmente para
devolver la ofensa. Al pecar en nuestra ira, Satanás entra en escena.

Dios tiene un plan mejor. En lugar de permitir que tu lengua
arroje el fuego de tu corazón, lleva tu dolor al Señor antes de hablar.
Confiesa tu ira y pídele que te ayude a perdonar. El perdón apaga
la ira como si se lanzara agua fría sobre un fuego, y por medio de él
Dios se glorifica en tu vida.

*Amado Señor, ayúdame a ocuparme de la ira
antes de que surja en mi corazón. Haz que pueda
afianzar tu posición escogiendo el perdón. Amén.*

Vivir la Palabra de Dios

*No se contenten sólo con escuchar la palabra, pues así
se engañan ustedes mismos. Llévenla a la práctica. El
que escucha la palabra pero no la pone en práctica es
como el que se mira el rostro en un espejo y, después
de mirarse, se va y se olvida en seguida de cómo es.*
Santiago 1.22-24 NVI

✺

La Biblia contiene instrucciones, promesas y palabras de aliento.
También encierra advertencias como esta de Santiago. Si no
prestamos atención a sus enseñanzas y las aplicamos a nuestra vida,
la Biblia no será más que un libro más. Si afirmamos ser cristianos,
debemos tomar la Palabra de Dios en serio.

¿Cómo se desarrolla esto en la vida real?

A lo largo de cada día nos enfrentamos a situaciones que
nos proporcionan opciones. Algunas de estas consisten en cómo
reaccionar cuando se nos trata de un modo injusto en el trabajo o
cuando otro conductor te cierra el paso en la carretera. A leer la
Palabra de Dios, tómate tiempo para considerar cómo se aplican a
tu vida cotidiana sus pasajes y sus enfoques. No te limites a leer las
palabras, sino desafíate a *vivirlas*. Actuando así, en tu vida habrá
bendición y honrarás a Dios.

*Padre, admito que muchas veces solo leo la Biblia como
si fuera un libro de historia. Recuérdame que aplique
sus verdades y sus mandamientos a mi vida. Amén.*

Escuchar a Dios

¿Por qué gastáis el dinero en lo que no es pan,
y vuestro trabajo en lo que no sacia? Oídme
atentamente, y comed del bien, y se deleitará vuestra
alma con grosura. Inclinad vuestro oído, y venid a
mí; oíd, y vivirá vuestra alma; y haré con vosotros
pacto eterno, las misericordias firmes a David.

Isaías 55.2-3 RVR1960

❋

¿A quién sigues? ¿A quién escuchas? ¿A las celebridades y los políticos? ¿A la corriente principal de los medios de comunicación y de la cultura popular? ¿Qué mensajes dan? ¿Estás satisfecho con su consejo y sus promesas?

Este mundo y su consejo no tienen nada duradero que ofrecernos. Las soluciones de la cultura son efímeras. Aquello mismo que creemos tener o hacer solo aporta una satisfacción temporal.

El Señor nos llama a oírle solo a él. "Inclina tu oído. Ven. Escucha", dijo. La relación con él —el Pan de vida— es lo que nos alimenta y nos sustenta, lo que llena el vacío de nuestro interior. Tiene la capacidad de deleitar nuestra alma. El gozo duradero y la paz vienen de saber que él nos ama incondicionalmente.

¿Qué voz estás escuchando hoy? Oye la voz de Jesús que nos llama a venir a él.

Señor Jesús, perdóname por seguir la voz del mundo en
lugar de la tuya. Haz que te escuche y te siga. Amén.

ESTÁS REGORDETA

Y aconsejar a las jóvenes a amar a sus esposos
y a sus hijos, a ser sensatas y puras.
TITO 2.4-5 NVI

❋

Cuando Dianne acompañó a su sobrina a la escuela, la niña de seis años le espetó de repente un "estás regordeta", puntualizado con una risita gutural.

Dianne tragó saliva y se rió, contestándole: "¿No quieres crecer y tener hermosas curvas como yo?".

"No", fue la respuesta. "No quiero hacerme mayor. Quiero seguir siendo pequeña y delgada".

Dianne se quedó sin palabras mientras llegaban a los escalones de la escuela elemental y su sobrina entró brincando en el interior. Se dio cuenta de que acababa de perder un momento educativo, pero —en realidad—, ¿qué debería haber dicho?

Dianne sabía que su cuñada estaba intentando perder algún que otro michelín para poder entrar en un nuevo vestido para una reunión de la escuela secundaria. No era un gran problema, ¿o sí? ¿Se estaba formando esta niña de seis años una imagen distorsionada del cuerpo al ver a su madre pavoneándose delante del espejo como lo haría cualquier otra mujer de treinta y cinco años?

Una reciente encuesta a niñas de once a dieciséis años descubrió que su deseo primordial no consistía en poseer un caballo o pertenecer a un equipo de animadoras, sino perder peso. Todas las mujeres tienen parte en moldear la forma en que esas niñas desarrollen sus imágenes del cuerpo. Dios nos ha encargado que protejamos su inocencia y las guiemos a desear cuerpos, mentes y almas saludables.

Amado Señor, ayúdame a alcanzar a una niña de mi círculo de influencia y enseñarle a verse como una hermosa creación tuya, independientemente de su envoltorio. Amén.

Un camino

Jesús le contestó: Yo soy el camino, la verdad y la vida;
nadie puede ir al Padre si no es por medio de mí.

Juan 14.6 NLT

❋

Jenny acababa de leer el flamante superventas de autoayuda —el que
todo Hollywood estaba elogiando—, y no podía evitar sentirse un
poco confusa. El libro se centraba en la paz interior y la felicidad, y
cuando hablaba de Dios, el Creador todopoderoso y Padre celestial
que ella conocía parecía más bien una fuerza mística y no una
persona que pudiera experimentar a través de una autorreflexión
y... bueno... por encima de cualquier otra cosa que alguien quisiera
intentar.

La verdad es que solo hay *un* camino al Padre, por medio de
Jesucristo. Desde el albor de los tiempos, los seres humanos han
buscado con avidez otras sendas que lleven a Dios, pero su Palabra lo
explica con claridad. Jesús es el camino, la verdad y la vida. Quédate
tranquila sabiendo que el comprensivo Salvador es el único camino al
Creador. Ha estado aquí y ha abierto el camino a Dios, y hoy vive a la
diestra del Padre en el cielo.

Padre, perdóname por buscarte de otras maneras y no
a través de Jesús. Sé en mi corazón que él es el camino,
la verdad y la vida. Dame la fuerza para compartir
este hecho con personas de mi alrededor que buscan
respuestas en los lugares incorrectos. Amén.

NOCHE DE UN DÍA ARDUO

*Estoy agotado de tanto llorar; toda la noche inundo
mi cama con llanto, la empapo con mis lágrimas.*
SALMO 6.6 NLT

❋

¿Te sientes enferma alguna vez y cansada de estar enferma y
cansada? ¿Harta de estar harta? Si es así, el versículo bíblico de hoy
es válido para ti. Tal vez estés atravesando una dura temporada.
Desafíos inesperados. Cosas duras. Y tal vez piensas que la noche no
acabará jamás.

Considera que solo un corazón centrado en Dios reconoce
cuando ya es suficiente. ¡Ya has progresado! Al reconocer que estás
lista para saltar el obstáculo es bueno. Sin embargo, antes de hacerlo,
recuerda que las lágrimas pueden tener un efecto positivo. Después
de todo, limpian. Y si eres sincera contigo misma con respecto a tus
emociones, también es buena cosa, mientras sigas pudiendo afirmar
aún que Dios es bueno en medio de tu dolor.

Por tanto, llora durante un tiempo. Sácalo todo. Deja que se
produzca la limpieza. Después, cuando llegues al punto en que sabes
que es hora de seguir adelante, ¡ponte a ello! Reconoce tu necesidad
de Dios y levántate de esa cama, y vuelve al trabajo.

*Padre, reconozco que, a veces, necesito llorar.
Sencillamente tengo que sacar las cosas. Gracias por
darme las lágrimas. Son un gran alivio. Hoy te entrego mis
lágrimas y mis temores. Haz que pueda levantarme de la
cama, preparada para enfrentarme a un nuevo día. Amén.*

Servir a los demás

El amor debe ser sincero. Aborrezcan el mal; aférrense al bien. Ámense los unos a los otros con amor fraternal, respetándose y honrándose mutuamente.

Romanos 12.9-10 NVI

Mientras el pastor leía los anuncios semanales, Alex observó a una joven madre que entraba en el santuario por primera vez. Intentaba sostener a su nervioso hijo de 2 o 3 años, la bolsa de los pañales, su bolso y su Biblia mientras buscaba un lugar donde sentarse.

No le tocaba a Alex recibir ese día a los asistentes, pero era evidente que la joven madre se estaba sintiendo incómoda. En silencio, se puso de pie y se dirigió hacia la mujer y su hijo, y ofreció llevar sus pertenencias y ayudarla a encontrar un asiento. Les hizo saber dónde estaba la guardería por si quería llevar a su hijo allí. Después del culto, los invitó a comer y presentó a la joven a otras mujeres de la iglesia.

Dios nos llama cada día a reaccionar, en todas las situaciones cotidianas, de un modo que muestre el amor de Cristo a los demás. Cuando ponemos las necesidades de los otros por delante de la nuestra, agradamos a Dios.

Amado Dios, gracias por haberme llamado a amar a los demás con tu amor. Muéstrame cómo puedo demostrar tu amor de forma práctica a aquellas personas que estén cerca de mí hoy. Amén.

MEDITAR

Pero María guardaba todas estas cosas,
meditándolas en su corazón.
LUCAS 2.19 RVR1960

❋

María era una jovencita cuando Dios la escogió para que diera a luz a su Hijo, Jesús. Tuvo mucho en que pensar en los siguientes días y meses, la visitación de un ángel que le dijo que concebiría un hijo aun siendo virgen, lo que José pensaría y, después, dar a luz en un establo con pastores que aparecerían en medio de la noche para ver a su hijo recién nacido. Sí, María era joven. Sin embargo, poseía mucha profundidad. La Biblia nos dice que ella meditaba todas estas cosas en su corazón.

¿Meditan todas las personas? Parece que sí lo hacemos. Reflexionamos sobre el bien y el mal en nuestra vida. Nos perdemos en fantasías. Por la noche no dormimos pensando. Cuestionamos nuestras decisiones en algunos momentos y, ocasionalmente, les damos vueltas. Imaginamos. Nos preguntamos. Pensamos.

Tómate hoy un momento para meditar en las bendiciones que Dios te ha dado. Es posible que te encuentres en medio de una experiencia culminante en tu vida, o tal vez estés en un profundo valle de agitación. Dondequiera que te encuentres, recuerda esto y atesóralo en tu corazón: Dios envió a su único Hijo a morir por ti. Reflexiona en este tipo de amor.

Padre, cuando hoy me sienta tentada a mortificarme
por las dificultades de mi corazón, ayúdame a
centrarme más bien en los tesoros. Amén.

¿A QUIÉN TEMERÉ?

El Señor es mi luz y mi salvación; ¿a quién temeré? El Señor es la fortaleza de mi vida; ¿de quién tendré temor?

SALMO 27.1 LBLA

❈

Si los tentáculos del temor agarran hoy tu corazón, puedes estar segura de que el Señor no lo está causando. Él es el autor de la paz. Aun sabiéndolo, a menudo luchamos con situaciones y circunstancias que nos asustan. Entonces, ¿qué tiene que hacer una cristiana?

En primer lugar, necesitamos clamar al Señor para que nos proteja con su poderosa mano. Después de todo, somos los hijos de Dios y nuestro Papi vigila. Y si alguien nos molesta, ¡más les valdría tener cuidado!

A continuación tenemos que reconocer que existe una enorme diferencia entre tener cuidado y sentir temor. Por supuesto, seremos sabios si escogemos lo primero. Pero cualquier cosa —o persona— que te cause temor tiene que ser examinada.

Por tanto, ¿a qué le temes hoy? ¿A estar sola? ¿A los problemas de dinero? ¿A los problemas con los hijos? ¿A las preocupaciones relacionadas con la salud? ¿A los cambios de empleo? ¿Cosas que nos acechan de noche? La mayoría de las cosas que nos inquietan nunca llegan a suceder. Son mayormente hipótesis imprecisas. Pero cuando Dios entra a lo grande, con su haz de luz celestial, lo saca todo a relucir. Y cuando vemos nuestros problemas, la luz los hace ciertamente menos siniestros.

Dios, estoy dispuesta a entregarte mi temor. Quiero ser prudente, Señor, pero no temerosa. Tú eres la fuerza de mi vida. No tengo por qué temerle a nadie ni a nada. Amén.

¿QUÉ ATESORAS?

*No acumulen para sí tesoros en la tierra, donde la
polilla y el óxido destruyen, y donde los ladrones se
meten a robar. Más bien, acumulen para sí tesoros
en el cielo, donde ni la polilla ni el óxido carcomen,
ni los ladrones se meten a robar. Porque donde
esté tu tesoro, allí estará también tu corazón.*

MATEO 6.19-21 NVI

❄

Afortunadamente, Tessa estaba en casa y despierta cuando sonó el
detector de humo. Su corazón se aceleró cuando le gritó a su hermano
que, solo unos momentos antes, había estado duchándose. Nunca
pensó en agarrar nada mientras corrían hacia la puerta; su único
pensamiento era la seguridad de su hermano. Mientras permanecían
del otro lado de la casa, agarrados por el brazo, observando cómo
luchaban los bomberos contra las llamas, Tessa sollozó. No era por
las cosas; sabía que se podían remplazar. Sencillamente se sentía
abrumada de agradecimiento porque ambos estaban vivos.

No hay nada como verse cerca del desastre para que se nos
revele lo que es verdaderamente importante. Muchas de nosotras
invertimos una excesiva cantidad de tiempo, dinero y energía en
adquirir cosas y, sin embargo, si nos vemos obligadas a escoger
entre las personas y las posesiones, elegiríamos lo primero siempre.
Descubrimos que, después de todo, nuestro corazón no está
realmente en las cosas materiales. A menudo nos vemos tentados
a invertir nuestros recursos en la adquisición de bienes materiales,
a veces a expensas de las relaciones. Jesús pone este principio al
revés cuando nos desafía a invertir nuestra vida en cosas que ningún
desastre puede destruir.

*Padre, dame un corazón como el tuyo. Enséñame a invertir
mis recursos en asuntos de relevancia eterna. Amén.*

Confianza

Mas tú, Señor, eres un Dios compasivo y lleno de piedad,
lento para la ira y abundante en misericordia y fidelidad.
SALMO 86.15 LBLA

❈

La mayoría de nosotros basamos nuestra confianza en nuestro propio conocimiento, aptitudes, buenos aspectos o habilidades naturales. La verdad es que nuestra confianza debería estar en nuestro Padre Dios y no en nuestros propios esfuerzos y talentos.

La autoconfianza va típicamente vinculada a nuestros sentimientos. Nos sentimos bien cuando pensamos que hemos actuado bien y mal cuando creemos que no hemos dado la medida. Podemos pensar que Dios es como un maestro que tiene que evaluar nuestro rendimiento. Pero Dios no nos recompensa basándose en lo que hacemos o no hacemos. Ese es el camino del mundo. Dios es nuestro Redentor, nuestro Salvador y quien nos ve a través de la justicia y la persona de Jesucristo.

La compasión, la gracia, la paciencia, la misericordia y la verdad, son atributos de nuestro Dios. La compasión es empatía *inmerecida*. La gracia es un don *inmerecido*. La longanimidad es paciencia *que supera los niveles razonables*. Ninguno de estos dones tiene que ver con nuestra actuación, sino que todo procede de su extravagante amor. Le damos a Dios nuestra necesidad, nuestro pecado, nuestra dependencia y nuestra debilidad. Él nos da ayuda, perdón, poder y fuerza.

Padre celestial, gracias porque puedo cambiar todo mi
pecado y mi debilidad por tu perdón y tu fuerza. Ayúdame
a confiar en tu carácter y no en mi actuación. Amén.

FUENTE DE DIOS

Porque en ti está la fuente de la vida.
SALMO 36.9 LBLA

❋

Las fuentes son objetos de belleza. El baile del agua es constante, pero nuestros ojos nunca ven la misma escena durante más de un segundo. El sonido del agua que salpica calma y relaja. Las fuentes evocan pensamientos de constancia y renovación, de limpieza y refresco. También son una fuente de agua necesitada, el elemento más esencial de la vida.

Dios es la fuente de vida para toda la creación. Todas las cosas comienzan y acaban en él. Su amor sobrepasa los límites del cielo. Su belleza es constante cuando lo vemos a través de las circunstancias que llegan a nuestra vida. Aunque seamos infieles. La fidelidad de Dios permanece. No se seca. Una y otra vez consuela a su pueblo. Su misericordia para con nosotros es nueva cada día, como agua limpia que burbujea de una fuente.

Cuando nos vemos en él —nuestra propia vida sostenida en la suya— toda la creación junta que le pertenece, que él controla y protege, ganamos perspectiva sobre quiénes somos y lo mucho que nos aman. Como dice el salmista: "En ti está la fuente de la vida".

Padre celestial, qué poco sé de tu majestad y tu belleza.
Tu creación proclama más amor hacia mí de lo que
yo podría abarcar jamás. Muéstrame más y más de
cómo mi vida está escondida en la tuya. Amén.

LAS PERSONAS NECESITAN AL SEÑOR

*Cuando vio a las multitudes, les tuvo
compasión, porque estaban confundidas y
desamparadas, como ovejas sin pastor.*

MATEO 9.36 NTV

❄

Mira cuidadosamente a las personas que te rodean. Las apariencias externas son engañosas. Bajo las sonrisas forzadas subyacen corazones que revelan una historia distinta. Sin rumbo. Deambulando. Perdidas. Muchos no tienen ni idea de dónde están, qué están haciendo y adónde van. El dolor, el temor y la angustia son sus compañeros constantes. Son como ovejas sin pastor.

Necesitamos los ojos del Señor para ver el corazón de las personas. Entonces, la compasión nos impulsará a extender nuestras manos. Las personas necesitan saber que se las ama incondicionalmente. Precisan entender que Dios tiene un propósito para sus vidas. Han de comprender que Dios puede guiarlos por el viaje de la fe. Necesitan la esperanza de la vida eterna y la seguridad de un hogar celestial. Dicho de otro modo, necesitan al Señor.

Todos somos ovejas con necesidad del Buen Pastor. Vive tu vida delante de los demás con autenticidad y humildad. Permíteles ver al Dios de paz en tiempos de pruebas, al padre de consuelo en época de dolor, la esperanza del Salvador en momentos de incertidumbre. Sé real para que puedas llevar a otros a Cristo. Alcanza a otros y preséntales al Buen Pastor.

*Amado Señor, abre mis ojos para ver a las ovejas
perdidas que me rodean. Haz que pueda ser usada
para llevarlas a ti, el Buen Pastor. Amén.*

CONÓCETE A TI MISMA

Inclina, oh Señor, tu oído y respóndeme,
porque estoy afligido y necesitado.
SALMO 86.1 LBLA

✳

"Pobre y necesitada" no es una frase que utilicemos para describirnos a nosotras mismas. En realidad, es lo último que querríamos que se supiera sobre nosotras. Nunca la encontraremos en las páginas de un libro de autoayuda ni la escucharemos en los programas de entrevistas a gurús. A diario intentamos cuidar lo que comemos, hacer nuestro ejercicio y contar con nuestros talentos, aptitudes y experiencia para asegurar nuestro futuro. Aunque Filipenses 3.3 nos dice que no pongamos nuestra confianza en nuestro propio esfuerzo humano, confiamos en nosotras mismas cada día.

Proverbios 29.23 dice: "La soberbia del hombre le abate; pero al humilde de espíritu sustenta la honra". ¿Cómo retenemos un espíritu humilde cuando el mundo nos dice constantemente lo extraordinario que es confiar en uno mismo?

Una de las formas es reconocer nuestra pobreza y necesidad delante de nuestro Padre celestial. Le necesitamos y precisamos que él nos escuche. Independientemente de lo que logramos en el mundo por medio de nuestros propios esfuerzos, en última instancia todo lo que tenemos y cada aliento que sale de nuestra boca es un don de Dios. Consuélate sabiendo que su poder sustentador en nuestra vida es lo único que necesitamos.

Padre celestial, ayúdame a recordar quién soy
delante de ti. Facúltame para que me vea como
tú me ves, y haz que siempre tenga presente
mi constante dependencia de ti. Amén.

TENERLO TODO

*La mujer vio que el fruto del árbol era bueno para
comer, y que tenía buen aspecto y era deseable para
adquirir sabiduría, así que tomó de su fruto y comió.*

GÉNESIS 3.6 NVI

❋

No en vano se le llamó Paraíso. Eva lo tenía todo. Un hogar seguro.
Hermosos alrededores. Paz. Un hombre atento que anhelaba su
compañía. Libertad para moverse por el jardín y comer cualquier cosa
que deseara. Sin embargo, a pesar de tener los recursos para suplir
sus carencias y necesidades, en el alma de Eva había un inquietante
lugar de anhelo. Satanás vio esta vulnerabilidad y aprovechó la
oportunidad.

De todas las cosas con las que Satanás podía haber tentado
a Eva, escogió la comida. Aunque el fruto podía ser una metáfora
para muchas cosas que pueden hacernos pecar, es interesante que
escogiera un alimento. Eva no estaba físicamente hambrienta. Tenía
muchas cosas para comer. El fruto la atrajo, porque era hermoso de
contemplar y porque ella pensó que podía hacer que fuera como Dios.

Pecamos por las mismas razones. Como Eva, cada vez que
cambiamos nuestra comunión a largo plazo con Dios por la efímera
recompensa de una experiencia placentera (pero pecaminosa)
estamos diciendo que algo es más conveniente que Dios mismo para
suplir nuestras necesidades. Eso es poner demasiada presión sobre
una persona, lugar o cosa.

No temas a ese anhelo de tu alma. Identifícalo y reconócelo.
Luego date cuenta de que nada en la tierra puede satisfacerlo,
excepto Dios.

*Padre, tú eres suficiente. Ayúdame a estar
satisfecha solo contigo. Amén.*

¿QUÉ ANHELAS?

*¿Y qué beneficio obtienes si ganas el mundo
entero pero pierdes tu propia alma? ¿Hay
algo que valga más que tu alma?*

MARCOS 8.36-37 NTV

✳

¿Qué anhelas? ¿La libertad financiera o más tiempo para vacaciones?
¿Anhelas casarte? Tal vez quieras poseer tu propia casa o iniciar un
negocio.

Más importante aún, ¿qué estás deseando hacer para conseguir
aquello que anhelas? Algunas personas llegarán hasta los extremos
para conseguir sus sueños. Otras pierden su sentido común cuando
van a la caza de sus deseos: las anoréxicas abandonan su salud para
estar delgadas. Las adictas al sexo sacrifican su dignidad —y mucho
más— al ir tras lo que ellas creen que las va a satisfacer. Algunas
mujeres cambian de personalidad para agradar a los hombres.

Pero, como hijos de Dios, debemos confiar en el tiempo y en el
plan de Dios. Podemos planear y dar pasos para conseguir nuestros
objetivos, pero no deberíamos adelantarnos al liderazgo de Dios. Y
siempre deberíamos filtrar nuestros anhelos a través de la Palabra de
Dios y el consejo de cristianos maduros.

Si aquello que tú anhelas no está ocurriendo, pregúntale a Dios
lo que él quiere enseñarte a través de la espera. Pídele que te muestre
cómo crecer y madurar en tu fe durante este tiempo.

*Señor, ayúdame a quererte a ti más de lo que pueda
querer cualquier otra cosa. Y enséñame a no cambiar
jamás mi alma por algo temporal. Amén.*

ÉL ES TODO

En él vivimos, nos movemos y existimos.
HECHOS 17.28 NVI

❉

Nuestra naturaleza humana quiere ser autodependiente. Después de todo, hasta siendo niñas de 2 o 3 años ya se nos alaba por ser "una niña grande", por alimentarnos solas, por escoger los juguetes y elegir nuestros nuevos atuendos.

Así como muchas otras cosas en el reino de Dios, su visión de la autosuficiencia es exactamente lo contrario de la parte que el mundo tiene en ella. *"Confía en mí"*, nos dice. *"Solo puedes hacerlo a través de esta vida, y no quiero que lo hagas sola. Déjame que me ocupe de ti"*.

La Biblia nos dice que cuando nos convertimos en parte de la familia de Dios, nuestra vida ya no nos pertenece; la sangre de Jesús nos ha comprado (1 Corintios 6.20). Nuestra naturaleza independiente puede resistirse a esta noción, pero, en realidad, dejar que él tome el control nos proporciona la libertad que estamos buscando y que no conseguimos cuando intentamos confiar en nosotras mismas.

¿Problemas? Entrégaselos a Aquel que te compró. ¿Perseguida? Deja que él se ocupe de ellos. ¿Sola? Corre a él para el Consuelo que necesitas. ¡Vivir la vida en el amor de Dios tiene beneficios asombrosos! Abandona tu necesidad de independencia y control y déjale hacer grandes cosas en la vida que compartes con él.

Padre, enséñame nuevas formas de depender de
ti. Mi corazón sabe que estás esperando para
bendecirme de maneras inconmensurables, con
solo confiar en ti. Toma mi vida —toda ella— y úsala
para tu plan extraordinario y perfecto. Amén.

La historia de María

*Cuando Jesús resucitó en la madrugada del primer
día de la semana, se apareció primero a María
Magdalena, de la que había expulsado siete demonios.*
Marcos 16.9 nvi

❋

María Magdalena estuvo una vez llena de demonios, siete para ser exactas. Esta mujer conoció gran aflicción, confusión y dolor. Irse a la cama cada noche y levantarse de nuevo cada mañana con fuertes fuerzas demoníacas manos a la obra dentro de su espíritu debió ser una existencia miserable.

Entonces, María de Magdala se encontró con Jesús de Nazaret, Aquel al que llamaban Mesías. Él expulsó los demonios que habían gobernado su vida, y ella no volvió a ser la misma jamás. Se convirtió en parte del círculo interno de los seguidores de Cristo. María Magdalena fue testigo de su crucifixión y su sepultura. Vio la tumba vacía y fue la primera persona a la que el Señor resucitado se apareció tras su resurrección.

Tal vez piensas que la historia de tu salvación no es tan fabulosa como la de María. Descendiste por el pasillo de una iglesia cuando estabas en segundo grado y aceptaste a Cristo. Conociste a Jesús en un campamento cristiano o a través de un pariente. ¡Pero, en verdad, *cada* historia de salvación es fascinante! Sin embargo, como fuera que Jesús te salvara, tu historia es poderosa. Nunca pienses que es menos significativa que la de otro. ¡Nuestro testimonio tiene que contarse!

¿Conoces a Jesús? Si es así, ¿serás una María de hoy? El mundo necesita creyentes en Jesús entregados. Precisa saber sobre el Mesías. No lo guardes en secreto.

*Padre, dame valor para compartir mi testimonio
con alguien que necesite conocerte. Amén.*

FUERZA EN LA DEBILIDAD

Esto dice el Señor Soberano, el Santo de Israel: «Ustedes
se salvarán sólo si regresan a mí y descansan en mí. En
la tranquilidad y en la confianza está su fortaleza.

ISAÍAS 30.15 NTV

❄

Mantente firme, trabaja duro, haz progresos, da tu opinión y cree
en ti. Estas son las formas en las que el mundo define la fuerza
personal. Pero la Palabra de Dios da una vista paradójica de la fuerza.
Descanso, quietud, confianza; estas palabras reflejan, todas ellas, un
estado de dependencia.

En su núcleo central, la fuerza es depender de Dios. Viene
cuando reconocemos nuestra debilidad y nuestra necesidad de él.
Cuando nuestro pecado nos abruma, nos arrepentimos y acudimos a
él en busca de perdón. Cuando estamos cansados de intentar ganar
su favor, nos detenemos y recordamos que solo tenemos que recibir
su gracia. En soledad, le oímos hablar y aprendemos a orar. Dejar
de confiar en una misma hace que confiemos en él para nuestras
necesidades. Cuando estamos dispuestas a ser vaciadas del "yo", él
puede llenarnos de su vida. En 2 Corintios 12.9 (RVR1960) leemos: "Y
me ha dicho: Bástate mi gracia; porque mi poder se perfecciona en
la debilidad. Por tanto, de buena gana me gloriaré más bien en mis
debilidades, para que repose sobre mí el poder de Cristo".

¿En qué ámbitos de tu vida necesitas depender más de Dios?

Padre, recuérdame hoy que no me estás pidiendo
que sea fuerte, sino que dependa de ti. En mi
debilidad, tú serás fuerte. Ayúdame a regresar,
descansar, escuchar y confiar. Amén.

NO DEJES HUELLA

Recuerden esto: El que siembra escasamente,
escasamente cosechará, y el que siembra en
abundancia, en abundancia cosechará.
2 CORINTIOS 9.6 NVI

❀

Cuando entras en un estado o en un parque nacional, observarás un cartel recurrente con una súplica dirigida a autoestopistas, escaladores, campistas, ciclistas y jinetes que no dejen huella de su paso; nada de basura ni vegetación estropeada, ni rastro de hogueras, etc. Por donde pasen los visitantes de los parques debe quedar tal como estaba antes, como si los seres humanos no hubieran estado allí jamás.

En nuestra vida cristiana, la norma de "no dejar huella" va contra todo lo que Cristo les enseñó a sus discípulos que hicieran. El llamado cristiano es a dejar una huella en todas las vidas que toquemos, compartiendo nuestra relación con Jesús por medio de nuestras palabras y actos.

Hay inconversos que han intentado —y siguen haciéndolo— poner en vigor una norma de "no rastro" sobre los cristianos, porque conocen el poder del evangelio para cambiar vidas, y hasta para darle la vuelta a la voluntad política de todo un país. Pero no se puede detener la verdad.

La naturaleza del cristianismo es llevar a otros al poder salvífico de Cristo, sembrando semillas de verdad donde podamos. Si un cristiano pasara por la vida sin dejar una huella de su presencia, su vida habría sido un trágico desperdicio.

Amado Señor, quiero marcar huellas que conduzcan
a otros a la maravilla de conocerte como Salvador
y amigo. Ayúdame a no desperdiciar mi vida por el
temor o la pereza de hablarles a otros sobre ti. Amén.

SUEÑO APACIBLE

En paz me acostaré y así también dormiré; porque sólo tú, Señor, me haces habitar seguro.

SALMO 4.8 LBLA

¿Tienes problemas para dormir? ¿Te quedas despierta, pensando, preocupándote por tu futuro o dudando de tus decisiones? Si esto te suena familiar, eres normal. ¡Bienvenida al club! En algunos momentos de nuestra vida, la mayoría de las mujeres luchan con no conseguir dormir de noche.

Los días son tan frenéticos que, con frecuencia, para cuando es hora de dejarte caer en la cama, tu mente no habrá tenido tiempo de tranquilizarse. Sigue yendo a ciento sesenta kilómetros por hora. Intenta leer Salmos cuando te vayas a la cama. Llena tu mente y tu corazón con la Palabra de Dios. Ella calmará esas inquietudes que cruzan por tu mente como un hámster sobre su rueda.

El Señor te dará un sueño apacible. Dile en alta voz: "Dios, sé que estoy a salvo contigo. Dame una buen sueño nocturno". Él quiere que su preciosa hija descanse bajo su cuidado.

Señor, recuérdame leer la Biblia antes de irme a la cama por la noche, para que mis últimos pensamientos del día sean tus promesas. Amén.

EL MAYOR DE ESTOS ES EL AMOR

*Ahora, pues, permanecen estas tres
virtudes: la fe, la esperanza y el amor. Pero
la más excelente de ellas es el amor.*

1 CORINTIOS 13.13 NVI

✻

Fe... esperanza... amor. Sin fe es imposible agradar a Dios. La verdad es que a menudo resulta difícil mirar más allá de nuestras circunstancias presentes y creer que todo irá bien. Hay momentos en los que nuestra fe será probada. Durante esas épocas es importante saber lo que la Palabra de Dios afirma sobre la fe: "Es, pues, la fe la certeza de lo que se espera, la convicción de lo que no se ve" (He 11.1 RVR1960).

Luego está la esperanza. ¿Esperas algo por lo que sigues aguardando? Recuerda que tu esperanza se encuentra en Jesús. Él es tu esperanza para una vida llena de felicidad y amor. Es tu esperanza para una vida victoriosa y, lo más importante, tu esperanza para un futuro eterno.

Te pueden sobrevenir momentos en la vida en los que tu fe está baja. Es posible que hasta sientas que no tienes ninguna. Sin embargo, tienes que saber siempre que nada puede separarte del amor todopoderoso de Dios. Su Palabra dice que la fe, la esperanza y el amor permanecerán, pero que el mayor de todos estos es, definitivamente, el amor de Dios.

*Amado Dios, ayúdame a compartir siempre con los demás
ese mismo amor incondicional que tú me das. Amén.*

ENCONTRAR TIEMPO PARA TENER COMUNIÓN CON DIOS

Tus testimonios he tomado como herencia para siempre, porque son el gozo de mi corazón.

SALMO 119.111 LBLA

❋

¿Quieres pasar tiempo con Dios, pero te preguntas cómo encajarlo en tu día? Pídele a Dios que te dé ideas creativas sobre formas de cultivar una relación íntima con él.

Linda enciende una vela que le recuerda que ore cuando ve la llama. Elizabeth pone una alarma en su PDA cuando necesita orar por la cita médica de una amiga o para otra petición de oración en función del tiempo. Brenda escucha versículos de la Biblia a los que se les ha puesto música.

Otras ideas: Regístrate en boletines de oración a través del correo electrónico con respecto a tus ministerios favoritos y orar por ellos antes de comprobar tu bandeja de entrada. Lleva siempre una Biblia y un devocional en tu bolso para poder orar y estudiar durante el tiempo de espera en las citas. O escribe peticiones y versículos de la Biblia en tarjetas, pégalas en tu espejo y revísalas mientras te arreglas. ¿Por qué no orar mientras haces ejercicios, paseas al perro o realizas otras tareas rutinarias? Y podrías escuchar devocionales y la Biblia en CD mientras conduces.

Por encima de todo, que sepas que Dios desea que lo desees. Si se lo pides, te ayudará a crear espacio para las cosas que te acercan más a su corazón.

Padre Dios, amo tu Palabra. Ayúdame a convertirla en una prioridad, de modo que podamos conocernos mejor. Amén.

Rojo como el carmesí

Vengan ahora. Vamos a resolver este asunto —dice el Señor—. Aunque sus pecados sean como la escarlata, yo los haré tan blancos como la nieve. Aunque sean rojos como el carmesí, yo los haré tan blancos como la lana.

Isaías 1.18 NVI

❋

Una mujer empezó una relación con un hombre cristiano, con la mejor de las intenciones. Nunca soñó que pudiera llegar a transigir en modo alguno, pero cuando la relación acabó había tropezado de una manera importante. No podía perdonarse a sí misma. Aunque nunca lo admitió ante nadie que no fuera ella misma, luchaba en secreto con la vergüenza.

¿Te has visto alguna vez en la piel de esta mujer? ¿Te has apartado no solo de Dios, sino de todos los principios que considerabas inamovibles en tu vida? ¿Luchaste para poder perdonarte después de aquello?

A menudo suele ser más fácil perdonar a otros por las cosas que nos han hecho que a nosotras mismas cuando lo echamos todo a perder. Afortunadamente, Dios está dispuesto a perdonar. Hoy, si tienes un pecado no confesado en tu vida, entrégaselo a Aquel que anhela razonarlo contigo. Confiesa... y observa cómo esos pecados son lavados y quedan más blancos que la nieve. Luego comprueba cómo tu amoroso Padre celestial te enseña a perdonarte a ti misma.

Señor, vengo a ti hoy, desesperada por empezar de cero. Mis pecados son rojos como el carmesí, pero te pido que los laves hoy y me limpies. Perdóname, padre, y luego enséñame a perdonarme a mí misma. Amén.

Escogida la primera

"Yo te he elegido", afirma el Señor Todopoderoso.
HAGEO 2.23 NVI

❋

Lydia sintió como si estuviera de nuevo en la escuela elemental, esperando que una de esas capitanas de equipo la escogiera para su pequeño grupo de kickball. ¿Quién hubiera dicho que ir en busca de trabajo iba a ser un golpe semejante en su autoestima? El silencio de algunos jefes potenciales junto con el rechazo inmediato de otros la dejaron desalentada y desinflada.

¿Te has sentido alguna vez de este modo con respecto a una situación de tu vida? Ya sea en la búsqueda de empleo, en un ascenso potencial, una relación o cualquier otra cosa, resulta difícil ocuparse de ese sentimiento de ser mirada por encima del hombro o escogida la última.

En su amoroso plan, Dios te garantizó tu lugar en su familia, ¡eligiéndote la primera! Antes de que aceptaras su don de gracia, de que supieras quién es Dios, incluso antes de que fueses concebida, él *te* escogió. No te eligió como un individuo anónimo en un mar de rostros, sino como la persona exclusiva que eres para él. Tanto te ama.

Ninguna posición, ascenso o relación es tan importante como ser cuidadosamente seleccionada por Dios para su equipo. Dale gracias hoy por no hacerte estar de pie sobre la línea de base, dando patadas al polvo, hasta decidir que eres lo bastante buena como para estar en su equipo. ¡Luego sal al campo y juega como la primera escogida que eres!

Dios, tú sabes cómo se siente una cuando es rechazada,
observada por encima del hombro. Gracias por
escogerme aun siendo indigna de tanto honor.
Ayúdame a mostrar tu amor por los demás. Amén.

Profesar el poder de la oración

Meditaré en todas tus proezas;
evocaré tus obras poderosas.
Salmo 77.12 NVI

❄

Con frecuencia, cuando nos enfrentamos a situaciones difíciles, les pedimos a amigas cercanas que oren por nosotras. Si nos vemos frente a una situación desafiante en el trabajo, les pedimos a las personas de nuestra clase de estudio bíblico que oren por ello. Si afrontamos una enfermedad, les pedimos a los líderes de la iglesia que oren por nuestra sanidad. Si estamos luchando con una cuestión personal o espiritual, le pedimos a una compañera de oración de confianza que ore y que nos pida responsabilidades por nuestros actos. Pedir a otros que se unan a nosotros en oración por las difíciles situaciones demuestra que creemos que Dios es fiel para contestar a las oraciones.

También alentamos a las personas a creer en la fidelidad de Dios cuando informamos sobre cómo ha suplido nuestras necesidades. Cuando contamos cómo Dios arregla las cosas en el trabajo para nosotros, sirve de estímulo para quienes están afrontando una situación de trabajo desafiante. Cuando una amiga está enferma, podemos alentarla testificando de un caso en el que Dios nos sanó. Si conocemos a alguien que está agobiada por un problema personal o espiritual, podemos contarle cómo Dios nos liberó en un momento de necesidad.

Pedir oración y proclamar las fieles respuestas de Dios son formas esenciales en las que lo glorificamos a él y nos alentamos unos a otros.

Amado Señor, te alabo por las asombrosas obras que haces. Trae a mi mente grandes obras específicas para que yo pueda centrarme en glorificarte por ellas Amén.

Planear el futuro

¡Y eso que ni siquiera saben qué sucederá mañana! ¿Qué es su vida? Ustedes son como la niebla, que aparece por un momento y luego se desvanece. Más bien, debieran decir: «Si el Señor quiere, viviremos y haremos esto o aquello».

Santiago 4.14-15 NVI

❉

Resulta difícil no mirar al futuro e intentar planificar adónde te lleva la vida. Alguien dijo una vez que había que seguir adelante y romper la fina porcelana en lugar de vivir con una mentalidad de plato de papel. En otras palabras, no esperes una ocasión especial ni para que aparezca tu caballero de brillante armadura. Experimenta la vida al máximo cada día que se te da.

Es natural hacer planes para el futuro, imaginar esa relación especial con un hombre que esperas llegue a tu vida. Dios conoce los deseos de tu corazón y siempre está interesado en concederte la mejor bendición. Sin embargo, puede ser peligroso para nuestro corazón que planifiquemos nuestro futuro sin prestar atención a la Palabra de Dios.

Santiago 4 nos advierte que no sabemos cuánto durará esta vida. Cuando hacemos nuestros planes, deberíamos recordar que nuestro Dios soberano nos sostiene cada día en sus manos. Planea y ora dentro de su voluntad.

Padre, recuérdame que eres soberano. Enséñame a recordarte cuando hago planes. Quiero tu voluntad por encima de todo lo demás. Amén.

Un cántico en la noche

Ésta es la oración al Dios de mi vida: que de día el Señor
mande su amor, y de noche su canto me acompañe.
SALMO 42.8 NVI

❋

¿Has pensado alguna vez en tu vida como en una sinfonía? Hay algunos altos muy altos y unos bajos muy bajos. Hay momentos *crescendo* en los que todo parece encajar en su lugar y algunos *pianissimo*, donde las cosas llevan a una tranquila quietud. Y en medio de todo esto, hay un Director de pie con la batuta en la mano, dirigiendo. Él dirige la orquesta. Les dice a los músicos cuando tocar con furia y cuando ralentizar hasta una pausa.

Dios es el director de tu vida. Durante el día —cuando se toman la mayoría de las decisiones importantes de la vida— él está allí, llevándote, guiándote. Y, por la noche, cuando su dirección puede no estar tan clara, su cántico suena sobre ti.

Comienza hoy a ver tu vida como una sinfonía con muchos movimientos. Permite al Señor —tu Director— que te lleve por los altos y los bajos, los momentos *crescendo* y los *pianissimo* también. Luego, cuando las sombras de la noche caen, escucha cuidadosamente la canción que interpreta sobre ti.

¡Oh Padre! Casi puedo oír la música ahora. Gracias por recordarme que mi vida es una sinfonía y que tú eres el Director. No quiero llevar yo la batuta, Señor. La quito voluntariamente de mis manos. Dirígeme durante el día y canta tu canción sobre mí por la noche. Amén.

¿Cómo imaginas a Dios?

Porque no tenemos un sumo sacerdote incapaz
de compadecerse de nuestras debilidades, sino
uno que ha sido tentado en todo de la misma
manera que nosotros, aunque sin pecado.

Hebreos 4.15 nvi

❋

Beth fue educada en un hogar estricto. Había muchas reglas que
seguir y duras consecuencias por quebrantarlas. Como resultado,
creció para convertirse en una adulta que tenía una relación distante
con sus padres. Los respetaba y les temía, y descubrió que era mejor
amarlos desde lejos.

Nuestros padres nos proporcionan un patrón temprano para
nuestra comprensión de Dios. Para quienes han sido educadas
en hogares amorosos y afectivos, la imagen de Dios es de amor y
seguridad. Sin embargo, quienes han crecido en entornos menos
que ideales lo han tenido peor para concebir a un Dios que ama
de manera incondicional. Afortunadamente, las Escrituras pintan
un retrato más preciso de Dios del que podríamos hacer nosotros
mismos. La Biblia está llena de historias que ilustran el carácter de
Dios y su amor incondicional e infinito por sus hijos.

¿Cómo es tu retrato de Dios? ¿Está tu plantilla en línea con
lo que las Escrituras dicen sobre él? Si no estás segura, examina lo
que la Palabra de Dios dice sobre su carácter. Toma nota de cómo
interactúa y comunica con los personajes bíblicos. Pídele que abra tu
corazón y tus ojos para que puedas verle como es en realidad.

Padre, confieso que en ocasiones mi imagen de ti
está distorsionada. Te pido que te reveles a mí de un
nuevo modo para que te vea cómo eres. Amén.

Alaba a otra y no a ti misma

Que te alabe el extraño, y no tu boca;
el forastero, y no tus labios.
Proverbios 27.2 lbla

❋

A veces, cuando las mujeres nos sentimos inseguras, intentamos que se nos vea bien en un grupo. Es posible que lo hagamos gastando demasiado dinero en una marca de ropa para encajar o destacar de una forma especial. Tal vez intentamos enaltecernos mediante la jactancia. Quizá soltamos nombres de personas importantes en la conversación como si nuestra asociación con ellos nos hiciera mejor que los demás. Podemos contar nuestros logros en el trabajo o incluso hacer mención de nuestras buenas obras en la comunidad.

La Biblia nos da instrucciones para descubrir nuestra dignidad en el conocimiento de ser hijas del Rey. No necesitamos darnos importancia alabando nuestras obras. De hecho, en Proverbios, se nos dice que no nos elogiemos con nuestra propia boca.

En vez de ello, encuentra una oportunidad de alabar a otra persona hoy. Si un rasgo de carácter destaca en su vida, reconócelo verbalmente. Verás que al ensalzar a los demás, tu corazón tendrá mucha más paz que cuando procuras exaltarte a ti misma.

Dios, muéstrame hoy a alguien a quien pueda honrar.
Recuérdame que no debería atraer la atención
sobre mí misma por mis buenas obras, sino que
debo realizarlas tan solo para tu gloria. Amén.

CHOCOLATE Y BRÓCOLI

*Yo sé que en mí, es decir, en mi naturaleza pecaminosa
no existe nada bueno. Quiero hacer lo que es correcto,
pero no puedo. Quiero hacer lo que es bueno, pero no lo
hago. No quiero hacer lo que está mal, pero igual lo hago.
Ahora, si hago lo que no quiero hacer, realmente no soy yo
el que hace lo que está mal, sino el pecado que vive en mí.*

ROMANOS 7:18-20 NTV

❋

A las mujeres nos gusta el chocolate. Tal vez si lo consumimos en forma de cacao puro sería bueno para nosotras, pero a la mayoría de nosotras nos gusta con azúcar y grasa añadida y podríamos comerlo cada día. Por supuesto que a nuestras papilas gustativas les puede gustar también el brócoli, pero, a diferencia del chocolate, lo preferimos en pequeñas dosis.

Es posible que te des a diario un banquete de temores, preocupaciones, celos y estrés, el chocolate cargado de grasa de la vida. Y así como sabemos que deberíamos comer buenos alimentos como el brócoli, sabemos que el amor, el perdón, la paciencia y el autocontrol son buenos para nosotras, pero la mayoría peleamos por consumir una cantidad suficiente de ellos para mantener nuestra vida espiritual saludable.

Lo que necesitamos es disciplina en nuestra dieta espiritual (y física), pero no podemos hacerlo por nosotras mismas. Necesitamos que el poder de Dios nos ayude a ansiar aquellas cosas más saludables. A través de la oración y la dirección bíblica es posible cambiar nuestras papilas gustativas para que quieran las cosas mejores para nuestro cuerpo y nuestra alma.

*Señor, ayúdame a alimentar mi cuerpo y mi alma con las
cosas que me mantendrán más sana y útil para ti. Ayúdame
a ansiar las cosas que son mejores para mí. Amén.*

TRAMAR U ORAR

¿Por qué se sublevan las naciones, y en
vano conspiran los pueblos?
SALMO 2.1 NVI

❄

Piensa por un minuto sobre las complejidades del cuerpo humano. Considera todas las funciones involuntarias que el cerebro le impone a nuestro cuerpo mientras solo somos conscientes de hacer unas cuantas, como sostener este libro o leer esta página.

Considera los muchos patrones y colores de la naturaleza y de los ciclos en los que suceden. ¿Y qué me dices de la complejidad y la belleza de los diversos tipos de música y el oído que la puede oír? Recuerda la infinidad de criaturas y plantas que viven en el océano. El Creador que los hizo supera nuestra imaginación. Él también está fuera de nuestro control.

¿Por qué intentamos abrirnos camino sin el Dios todopoderoso que lo hace todo magníficamente? Jeremías 29.11 nos recuerda que Dios conoce los planes que tiene para nosotras, para darnos un futuro y una esperanza. ¿No sería más sabio orar en lugar de tramar?

¿Por qué no pedirle a Dios cuáles son sus planes para nuestra vida? Él conoce el futuro y nos llevará amorosamente hasta allí. Ora antes de planear. Pregúntale. Él te mostrará el camino. Con la cabeza inclinada y la rodilla doblada, adora a Aquel que creó el mundo por su palabra. Y pregúntale qué planes deberías hacer.

Padre, hiciste el mundo y todo lo que hay en él. Tú eres
el autor del pasado, el presente y el futuro. Perdóname
por malgastar mucho tiempo en vanas planificaciones.
Muéstrame los planes que tienes para mí. Amén.

CREATIVIDAD

*Hiram era sumamente hábil e inteligente, experto en
toda clase de trabajo en bronce, así que se presentó ante
el rey Salomón y realizó todo el trabajo que se le asignó.*

1 REYES 7.14 NVI

❋

Hiram es un personaje bíblico del que probablemente no habrás
escuchado hablar. Las Escrituras dicen que era sumamente hábil y
experimentado, sin duda entrenado por su padre, un artesano del
bronce. Imagina a Hiram trabajando en silencio en su taller metálico, ya
casi de noche. Tan concentrado está en su último proyecto que no se da
cuenta de que el mensajero del rey está esperando para hablar con él.

"¿Hiram?", pregunta el hombre. "El rey quiere verte".

Hiram está confuso. *¿A mí? ¿Qué puede querer de mí?* Debió de
pensar cómo un muchacho corriente como él podría ser utilizado de
una forma tan extraordinaria.

A lo largo de las Escrituras vemos creatividad. David escribió
cánticos, Abraham edificó altares. Los israelitas usaron sus talentos
para trabajar el metal, la costura, y la carpintería para edificar el Arca
del pacto y el templo de Dios.

Dios se deleita creando y observando cómo crean sus hijos con
los dones y capacidades que él les ha dado. ¿Qué talentos, aptitudes y
habilidades te ha dado Dios *a ti*? ¿Cómo puedes usar estas cosas para
honrarlo?

Ya sea recopilando y editando un boletín para un ministerio
local, pintando las paredes de la casa de una amiga, cocinando
comida para quienes están encerrados, o cosiendo mantas para
niños necesitados, cada don y cada habilidad cuenta. Cada vez que
encuentras una oportunidad para usar los talentos y las capacidades
que Dios te ha dado, piensa en Hiram y en el honor que tienen las
personas corrientes de servir a Dios de formas extraordinarias.

*Padre, ayúdame a utilizar mis dones y
capacidades para servirte. Amén.*

REDENCIÓN

Alaba, alma mía, al SEÑOR, y no olvides ninguno
de sus beneficios [...]. Él rescata tu vida del
sepulcro y te cubre de amor y compasión.
SALMO 103.2, 4 NVI

❋

Estabas en un hoyo. Y no solo agarrada al borde, escalando para salir, casi en la parte superior. Te encontrabas a gran profundidad, en la oscuridad de un abismo sin vía de escape, sin salida.

Conocieras a Jesús a los nueve o a los diecinueve, no te hallabas más cerca de poder salvarte tú solo. Si tus pecados eran muchos o pocos, delante de un Dios santo esto no suponía diferencia alguna. Eras una pecadora.

Necesitabas un redentor, un rescatador. Estabas desesperada y condenada. Tal vez parecías estar viva, pero, en realidad, estabas muerta. Tu alma estaba en oscuridad y ansiaba luz. Tu espíritu estaba vacío y anhelaba ser llenado.

Entonces lo viste. Quizá ya habías oído antes su nombre, pero no era más que eso, un nombre. Es posible que vieras la cruz, pero tan solo era un símbolo. Esta vez fue distinto. Te diste cuenta que estabas perdida sin él. Viste tu situación tal como era. Estabas en un foso. Estabas atascada. Invocaste su nombre. "¡Jesús!".

Cristo descendió al abismo y te levantó en sus brazos, te sacó del fango y del lodazal de la incredulidad. Estabas desamparada, eras incapaz de salvarte. Y entonces, sencillamente por pedirlo, por clamar en busca de ayuda, fuiste salvada. Él redimió tu vida.

Jesús, te humillaste hasta la muerte para redimir
mi alma. Haz que nunca lo olvide. Amén.

COMUNICACIÓN PERPETUA

*Escucha, oh Dios, mi oración; no pases por alto
mi súplica. ¡Óyeme y respóndeme, porque mis
angustias me perturban! Me aterran.*

SALMO 55.1-2 NIV

✤

Durante siglos, las cartas manuscritas fueron la principal fuente de comunicación entre amigas separadas por kilómetros. Esperar una respuesta podía tomar varios días o semanas.

Con la tecnología moderna ha llegado una revolución en nuestra forma de comunicarnos. En tan solo uno o dos segundos podemos intercambiar nuestros pensamientos con alguien que se encuentra al otro lado del mundo. Y estamos tan enamoradas de la comunicación que ahora enviamos notas, fotografías y nuestra voz mediante un pequeño artilugio que llevamos a todas partes.

¿Qué nos dice, pues, toda esta comunicación perpetua sobre nosotros mismos?

Queremos que se nos oiga. Queremos sentir que otros nos escuchan y que se preocupan de conectar con nosotros. Y nos gusta hacerlo electrónicamente.

Pero tenemos una relevancia que sobrepasa de lejos la longitud de ondas. Dios sintoniza con cada pequeño pensamiento y actividad, sin tener que conectarse o iniciar sesión para escucharnos.

*Señor, gracias por escuchar mis gritos que pedían atención.
Ayúdame a descansar sabiendo que mi voz es relevante
para ti y enséñame a escuchar tus respuestas. Amén.*

PERSEGUIR EL VIENTO

Disfruta de lo que tienes en lugar de desear lo que no tienes; soñar con tener cada vez más no tiene sentido, es como perseguir el viento.
ECLESIASTÉS 6.9 NTV

✻

Las mujeres de hoy se ven inundadas por las estrategias comerciales. Cada vez que encendemos el televisor, se nos dice qué tipo de dentífrico deberíamos usar, qué champú es mejor para nuestro cabello y qué *jeans* deberíamos comprar. Y las revistas están cargadas de fotografías de los últimos y mejores bolsos, zapatos, prendas de vestir y maquillaje. A veces entramos en la mentalidad del "Para ser lo mejor, he de *tener* lo mejor". Soñamos con todas las cosas que desearíamos tener, y hasta nos sacrificamos para conseguirlas.

Perseguir hasta la última "cosa" extraordinaria es como perseguir el viento. Cuando por fin compras aquello que has estado ansiando, la corriente cambiará. Los vientos modificarán su dirección.

¿De qué te aprovechará conseguir todas esas cosas buenas y perder tu alma? En lugar de soñar con lo que no tenemos, ¡deberíamos alabar a Dios por lo que sí poseemos!

Pon tus sueños a los pies del Señor. Piensa en las muchas formas en que te ha bendecido y empieza a alabarle por las cosas que ya tienes.

Padre, admito que en ocasiones he perseguido el viento. Veo cosas bonitas, de moda y las quiero. Hoy, te entrego mis deseos. Gracias por las muchas formas en que ya has proveído para mí, Señor. Amén.

SALVACIÓN

Él fue traspasado por nuestras rebeliones, y molido
por nuestras iniquidades; sobre él recayó el castigo,
precio de nuestra paz, y gracias a sus heridas fuimos
sanados. Todos andábamos perdidos, como ovejas;
cada uno seguía su propio camino, pero el SEÑOR hizo
recaer sobre él la iniquidad de todos nosotros.

ISAÍAS 53.5-6 NVI

❋

Traspasado. Aplastado. Castigado. Herido.

Son palabras Fuertes. Son verbos de lesión, daño y dolor.
Cuando leemos estos versículos de Isaías, las palabras aparecen
negro sobre blanco en una página. No ocurre lo mismo con la
realidad de la cruz. Clavos que atraviesan manos y pies. La espada de
un soldado romano que traspasa la carne. Sudor. Sangre. Una frente
arañada por una corona de espinas, una corona de burla.

No era un párrafo claro y poético, como nos puede parecer
cuando leemos nuestra Biblia encuadernada en cuero. El amor
redentor se presentó un día en el que el sol no brillaba, cuando Dios
apartó su rostro de Jesús. Fueron un sufrimiento, una tortura y una
muerte atroces.

Pero esto solo es parte de la historia. Fue una elección, un don,
una oportunidad para que toda la humanidad entrara en la presencia
de un Dios santo. Gracias a la muerte angustiosa de Cristo, podemos
llamar a Dios *Padre*, hablar personalmente con el Rey, y un día
caminar por las calles del cielo.

Debemos recordar el precio que Jesús pagó. Dios cargó
nuestros pecados sobre su único Hijo. Y este Hijo, ese precioso
amante de nuestra alma, aceptó la misión.

Por la muerte de Cristo tenemos vida.

Jesús, me humillo. Decir "gracias" no parece
suficiente. Que mi acción de gracias sea una
vida bien vivida como testigo tuyo. Amén.

COMPARTIR LO PROFUNDO

Gedeón llegó precisamente en el momento en que
un hombre le contaba su sueño a un amigo.
JUECES 7.13 NVI

❋

¿Tienes una amiga especial con la que poder compartir tus sueños? ¿Alguien que conoce tu verdadero yo, la persona que hay en lo más profundo de tu interior? Si es así, has encontrado un verdadero tesoro.

Encontrar un espíritu afín es sumamente importante, sobre todo para las mujeres. Saber que tienes a alguien en la que puedes confiar con tus esperanzas, tus sueños, tus ideas y tus fracasos te hacen sentir segura. Y cuando recibes la validación de una amiga cercana, también recibes el valor que necesitas para salir y hacer aquello que es tu llamamiento. Las amigas verdaderas no solo nos dan su sello de aprobación, sino que nos estimulan.

Considera otra cosa del versículo de hoy. Gedeón llegó "precisamente en el momento" en que un hombre le contaba su sueño a un amigo. ¿Ha puesto el Señor alguna vez a una amiga piadosa delante de ti "precisamente en el momento" en que las necesitabas?

Hay un Amigo en el que puedes confiar por encima de todos los demás, Aquel que te dio esos sueños en primer lugar. ¡Habla de validación! Anhela que confíes en él y que acudas a él con tus anhelos más profundos, así como con cualquier herida y dolor. Y siempre está ahí. ¡Habla de una sincronización impecable!

Señor, gracias por plantar sueños en mi corazón y por
darme amigas piadosas con las que compartirlos. Hoy
te alabo por los espíritus afines de mi vida. Amén.

VOLAR

*Pero los que confían en el SEÑOR renovarán sus
fuerzas; volarán como las águilas: correrán y no
se fatigarán, caminarán y no se cansarán.*

ISAÍAS 40.31 NVI

❂

Un corredor te dirá que una buena carrera es tonificante. Algunos
hacen *footing* durante un kilómetro y medio cada mañana, mientras
que otros afrontan maratones. Independientemente del nivel de
aptitud o grado de ánimo de cada uno, todos los corredores acaban
cansándose. El cuerpo humano no puede correr para siempre por sus
propias fuerzas.

¿Estás agotada? Algunos días puedes sentir que tiran de ti en
muchas direcciones: el trabajo, la familia, la iglesia, y, tal vez clases o
la educación de los niños. Intentas llevar algún tipo de vida social en
medio de todas las exigencias. Al final de cada día te derrumbas.

Bueno, cálzate tus deportivas, porque Isaías 40.31 te llama
corredora. De hecho, ¡este versículo promete que puedes volar!
Y tú te preguntarás: ¿Cómo es esto posible? Ninguna de las
responsabilidades que tienes por delante se va a ningún lugar y el día
sigue teniendo veinticuatro horas.

En tu propia fuerza, no habrá carrera y mucho menos podrás
volar. Por esta razón necesitas a Jesús. Deposita tu esperanza en
él. Promete renovar tu fuerza. Los corredores de maratones nunca
lograrán correr y no cansarse, pero tú sí. Tú eres hija de Dios y él
quiere verte volar.

*Dios, las exigencias de esta vida me extenúan. Ayúdame
a depositar en ti una brizna de esperanza, si es todo lo
que tengo hoy. Renueva mi fuerza. ¡Quiero volar! Amén.*

CAMBIA TU MENTE

Estudia constantemente este libro de instrucción.
Medita en él de día y de noche para asegurarte de
obedecer todo lo que allí está escrito. Sólo entonces
prosperarás y te irá bien en todo lo que hagas.
JOSUÉ 1.8 NTV

✳

Cami había sido siempre una persona alegre y optimista... hasta su accidente de automóvil. Cuando un adolescente se saltó un semáforo en rojo y chocó contra su coche, su confianza se vio sumamente sacudida. Le angustiaba conducir, y, por ello, buscó ayuda en un consejero cualificado. Le llevó varias semanas, pero este asesor le ayudó a aprender pasos prácticos para gestionar su ansiedad, y Cami descubrió que las Escrituras hablaban ahora a su corazón como nunca antes del accidente. Poco a poco sus pensamientos se fueron transformando y pudo volver a conducir, y recuperó su alegría y su optimismo.

Nuestros pensamientos influyen en nuestros sentimientos y nuestra conducta. De hecho, nuestro cuerpo responde físicamente a las cosas en las que pensamos. Cuando nuestros pensamientos sobre nosotras mismas, o sobre los demás, son negativos, lo más probable es que actuemos de acuerdo con ellos. Dios diseñó así nuestro cerebro, y esto explica por qué las Escrituras dan una alta prioridad a mantener nuestra vida interior. Una de las herramientas más prácticas que tenemos para mejorarla consiste en meditar con regularidad en las Escrituras y entregarlas a la memoria. Esta disciplina transformará literalmente nuestros pensamientos y nuestra vida.

Padre, ayúdame a que mis pensamientos
sean agradables para ti. Amén.

ESPERAR... LO INVISIBLE

Pero si esperamos lo que no vemos,
con paciencia lo aguardamos.
ROMANOS 8.25 RVR1960

❈

¿Recuerdas cuando eras pequeña y llegaba la Navidad? Tal vez esperabas una bicicleta en concreto. Solo sabías cómo era y podías describirla a la perfección. Esperabas con grandes expectativas algo que habías visto realmente con tus ojos. La imagen era clara como el cristal. Y, como la querías con tantas ganas, merecería la pena esperar.

Una cosa es aguardar algo que has visto, y otra esperar lo que no has visto. Resulta difícil entusiasmarse por algo, cuando ni siquiera sabes qué aspecto tiene. A pesar de ello, hay tantas cosas invisibles en nuestra vida, bendiciones que aún no hemos experimentado. Trabajos que todavía no nos han dado. Hijos que no han nacido. Relaciones que no han empezado. Oportunidades que no nos han ofrecido. Es estimulante pensar en todas las cosas extraordinarias que tenemos por delante.

Tal vez hayas estado tan estancada en los problemas del pasado que no puedes ver el futuro con ojos llenos de esperanza. Pídele hoy al Señor que renueve tu esperanza. Los días que te aguardan están llenos de gran aventura... y cosas maravillosas y desconocidas. ¡Oh si pudieras tan solo tener un vislumbre! Te darías cuenta de que merece la pena esperar.

Señor, a veces desearía poder ver lo que está por venir.
Me quedan tantas cosas por ver, pero estoy dispuesta
a esperar, Señor. Y mientras aguardo, te ruego que
aumentes mi esperanza y mi paciencia. Amén.

EXPERIENCIAS DEL MAR ROJO

Ustedes quédense quietos, que el Señor
presentará batalla por ustedes.
ÉXODO 14.14 NVI

❄

Los israelitas se encontraron en una situación aterradora. Tenían el mar Rojo delante y los egipcios presionaban desde atrás. No había donde ir —sin escapatoria— ninguna salida. Culparon a Moisés y cuestionaron su juicio. En temor y desesperación clamaron al Señor pidiendo ayuda. Él prometió pelear por ellos si demostraban su confianza estando quietos.

El aprieto de los israelitas no era una sorpresa para el Señor. En realidad, Dios los llevó a aquel lugar para sus propósitos. Ellos tendrían que ejercitar su fe y confiar en que él los salvaría. Los egipcios serían destruidos cuando las aguas divididas los engulleran. El Señor habría demostrado su poder y recibiría gloria.

¿Te has encontrado alguna vez con una experiencia del mar Rojo? Tal vez te sentiste acorralada por las circunstancias de la vida. A Dios no le toman por sorpresa. Él permite que llegues a ese lugar por alguna razón. Confía en el Señor con todo tu corazón, y Satanás será destruido cuando la fe desplace al temor. Dios recibirá la gloria. No hay nada a lo que nos enfrentemos que Dios no pueda vencer. Quédate quieta. Ten por seguro que el Señor peleará por ti. Si Dios está a nuestro favor, no hay persona ni circunstancia que puedan estar en nuestra contra.

Amado Señor, dame confianza en ti cuando me enfrente
a las pruebas del mar Rojo en la vida. Así como abriste
camino para los israelitas, haz lo mismo por mí. Amén.

HA LLEGADO TU HORA

*¿Y quién sabe si para una ocasión como
ésta tú habrás llegado a ser reina?*
ESTER 4.14 RVR1960

❋

Vivir en el centro de la voluntad de Dios —caminar, paso a paso, por
la senda que él ha preparado delante de nosotros— no es tarea fácil.
En algún punto de nuestra vida, todas nos preguntamos: *¿Por qué
estoy aquí? ¿Por qué me ha hecho Dios esto?*

Con demasiada frecuencia buscamos la respuesta del gran
éxito de taquilla hollywoodense: *Encontraré una cura para el cáncer.
Solucionaré el hambre en el mundo. Salvaré a treinta y ocho niños de
un autobús escolar en llamas.* Aunque estas cosas son posibles, es
improbable que nos ocurran a la mayoría de nosotras.

En vez de esto, Dios quiere que seamos sensibles a las
oportunidades que coloca en nuestra vida —a veces a diario—, y
marcar una diferencia para su reino. ¿Ves a alguien que necesita una
buena comida, o solo alguien con quien hablar? ¿Podrías ayudar a un
compañero de trabajo sobrecargado de tareas? Grandes o pequeñas,
las elecciones que hacemos para ayudar a los demás solo son una
parte del rompecabezas que es el sentido de la vida.

Como la reina Ester, en el Antiguo Testamento, necesitamos
examinar nuestra vida diaria y considerar... que tal vez Dios nos llevó
a ese lugar exacto para un momento así.

*Padre, te ruego que me muestres el propósito
que tienes hoy para mi día. Abre mis ojos a las
oportunidades que pones delante de mí para marcar
una diferencia en la vida de otras personas. Amén.*

TODO ES POSIBLE PARA DIOS

*Lo que es imposible para los hombres es
posible para Dios —aclaró Jesús.*
LUCAS 18.27 NVI

❁

¿Has atravesado alguna vez lo que parecía ser una circunstancia imposible? Tal vez fue volver a empezar después de un divorcio o sobreponerte a la pérdida de un ser humano, o sobrevivir a una enfermedad devastadora, o afrontar el pago de una hipoteca cuando sabías que no tenías ese dinero.

Webster define la palabra *imposible* como "no tener la capacidad de ser, de realizarse, o de suceder". Como cristiana, deberías saber cómo define Jesús ese término. Según Lucas 18.27, hay cosas imposibles para los hombres. Pero teniendo a Dios de tu parte, no hay absolutamente nada imposible. Por difícil que pueda parecer tu problema, recuerda siempre que Dios puede convertir las imposibilidades en posibilidades.

¿Te estás enfrentando a una situación que parece totalmente imposible? Amiga, no te aflijas por tu problema o circunstancia. En vez de ello acude solo a Dios, quien hace que todo sea posible. Deposita toda tu confianza en él y en su Palabra y elimina la palabra *imposible* de tu vocabulario.

*Amado Dios, sé que para ti no hay nada imposible. Escojo
poner toda mi confianza en ti y en tu Palabra. Amén.*

EL HOMBRE DIMINUTO

Porque el Hijo del hombre vino a buscar
y a salvar lo que se había perdido.
LUCAS 19.10 NVI

✳

Annette no se encontraba nunca en el grupo popular en la escuela secundaria, pero intentaba ser amiga de casi todos. Es decir, de todos excepto de las animadoras. Había algo en aquellas chicas que decía a voces: "hipócritas", y no le apetecía formar parte de su pequeño mundo falso. De modo que, varios años más tarde, cuando Kathryn, una exanimadora, empezó a trabajar en la misma empresa que Annette, esta escogió no volver a conectar con aquella conocida de la escuela secundaria. El problema era que Kathryn se encontraba en medio de un doloroso divorcio y la amistad y el aliento de Annette le habrían resultado muy útiles.

Las etiquetas suelen limitar, menospreciar y ser inexactas. Zaqueo entendía el dolor de una etiqueta. Era recaudador de impuestos. Sus contemporáneos lo habían tachado de ladrón y lo consideraban definitivamente indigno de confianza. Como resultado, probablemente eran muy pocos los de su mundo que estuvieran dispuestos a hablarle del amor de Jesús. Afortunadamente, Jesús le prestó atención, porque él nunca cataloga a las personas. Las ama de manera incondicional.

Tómate un momento para considerar a las personas de tu alrededor. ¿Qué etiquetas limitadoras podrías estar colocando en estas almas? Si Jesús viviera en tu hogar o trabajara en tu oficina, ¿cómo vería a estas personas? ¿Hay una etiqueta que te esté impidiendo conectar con alguien que necesita su amor?

Padre, capacítame para ver a las personas a través de
tus ojos y no bajo una etiqueta limitadora. Amén.

¡DILO... Y HAZLO!

Cuando haces un voto a Dios, no tardes en cumplirlo, porque Él no se deleita en los necios. El voto que haces, cúmplelo. Es mejor que no hagas votos, a que hagas votos y no los cumplas.

ECLESIASTÉS 5.4-5 LBLA

❋

¿Has conocido alguna vez a personas que hacían promesas que no cumplían? ¿Tal vez decían que iban a llamar y no lo hacían? ¿Quizá quedaban contigo para comer o ir al cine, y estaban tan ocupadas que se les olvidaba? Es frustrante, ¿verdad? Resulta difícil de confiar en alguien así. Y cuando tienes que trabajar con alguien que no acaba lo que empieza, todavía puede ser más frustrante.

¡Qué maravilla que Dios nunca olvide sus promesas! Si lo dice, es porque es así. Y, por ello, lo hace. Y hablando de mantener la palabra, Dios es el epítome mismo de la fiabilidad.

Recuerda que has sido creada a la imagen de Dios y que él es todo sinceridad. Por tanto, ora antes de hacer compromisos; luego cumple lo que dijiste que harías. Y cuando el Señor habla a tu vida, dándote instrucción —como ministrar a alguien en necesidad o pasar más tiempo en la Palabra— ¡ponte a ello! Sé una mujer de palabra, tanto con las personas como con el Señor.

Señor, quiero ser conocida como una mujer de palabra. Quiero ser fiable. Recuérdame hoy los compromisos que he hecho, y ponme de nuevo en el camino correcto para hacer esas cosas. Amén.

DIOS SE COMPADECE DE NOSOTROS

Tan compasivo es el SEÑOR con los que le
temen como lo es un padre con sus hijos.
SALMO 103.13 NVI

❀

¿Qué significa que Dios se compadece de nosotras? Para algunas mujeres quiere decir que Dios les da fuerza mientras luchan contra una enfermedad crónica. Para otras, que ha olvidado sus pecados, porque vinieron a Cristo desde una vida de profundos remordimientos.

La compasión de Dios es individualizada, porque todas somos únicas. Así como el padre trata a cada uno de sus hijos de forma exclusiva, según sus edades y temperamentos, Dios trata con nosotros como individuos.

¿De qué forma necesitas hoy que Dios te muestre su compasión? ¿Precisas dirección para tomar una decisión? Pídeselo y él te mostrará qué hacer. Tal vez anhelas una compañera con la que hablar. Él siempre está disponible. Quizá crees que Dios no podría amarte, porque te has apartado de él. Recuerda que él es la imagen del padre amoroso que corrió a su hijo pródigo cuando este regresó.

Otro aspecto maravilloso de la compasión de Dios es que una vez la hemos experimentado, anhelamos compartirla con los demás. De modo que cuando sientas que Dios ha suplido tus necesidades, pregúntale cómo puedes ser una bendición para las personas que te rodean. ¿Necesita estímulo algún compañero tuyo? ¿O tal vez a tu mejor amiga le vendría bien un tiempo solo para chicas? Si se lo pides, Dios te dará nuevas ideas sobre ministrar compasión a las personas de tu círculo de influencia.

¡Señor, estoy tan agradecida —y asombrada—
por tu compasión! Ayúdame a extendérsela
a todos aquellos que conozco. Amén.

SU ESPERA, NUESTRA ESPERA

Así que el Señor esperará a que ustedes acudan a él
para mostrarles su amor y su compasión. Pues el Señor
es un Dios fiel. Benditos son los que esperan su ayuda.
ISAÍAS 30.18 NTV

❅

La expectativa es una gran parte de la espera. Plantar y cuidar un jardín es algo que produce una cosecha. El embarazo acaba en un bebé. Una carta trae noticias.

Del mismo modo en que esperamos ansiosas los acontecimientos de nuestra vida, Dios nos espera con expectación. Desea ser misericordioso con nosotros; anhela mostrarnos clemencia. Usa el tiempo como herramienta. Espera las oportunidades para mostrarnos su bondad. Pacientemente, nos va dirigiendo, como un pastor con su rebaño, un paso a la vez.

Como Dios nos espera, así le aguardamos nosotros a él. Es un Dios de bondad y justicia. Nos ama y oye nuestros llantos. Hará lo correcto. Aunque tengamos problemas a los que enfrentarnos, él promete estar con nosotros en las pruebas. Él afirma que nunca nos abandonará. Esperarle es aguardar que él actúe; por tanto, está alerta. Él se te dará a conocer. Él dice que si lo buscamos, lo hallaremos.

Anticipa su voz y su dirección. Hay bendición en establecer nuestro enfoque en él y esperar su obra en nuestra vida.

Dios todopoderoso, gracias por tu misericordia y tu
bondad hacia mí, por esperar para ser misericordioso
conmigo. Atrae mi atención a ti y muéstrame
cómo observar y esperar tu bondad. Amén.

Escuchar a Dios

Escuche esto el sabio.
PROVERBIOS 1.5 NVI

❋

Durante años, Shelia se vio como un patito feo. De hecho, su madre también se lo había dicho cuando se iba haciendo mayor. Cada vez que leían el cuento infantil, su progenitora le decía: "Mira Shelia, han escrito una historia sobre ti".

Shelia arrastró esta herida hasta bien entrada la adultez. Hasta que una noche tuvo un sueño. En él veía a una niña sentada en el regazo de su padre. Este le hablaba bondadosamente a la pequeña diciéndole una y otra vez lo hermosa, preciosa y única que era. Shelia despertó inundada en lágrimas. De inmediato supo que Dios hablaba a su corazón y, desde aquel momento, jamás dudó del valor que tenía a sus ojos.

¿Te ha hablado Dios alguna vez en un sueño? Existen muchos relatos bíblicos en los que Dios habló a sus hijos por medio de sueños, y no existe razón por la que no usara de nuevo ese método hoy. Esto no significa que todos los sueños son un mensaje de Dios ni que contengan un profundo significado espiritual. Por encima de todo, el significado que se saca de los sueños nunca sustituye la verdad bíblica. Pero Dios puede comunicarse con sus hijos usando cualquier método que desee, y no es de sorprender que algunas veces lo haga a través de sueños.

Estés despierta o dormida, ora para que Dios abra tus ojos y tu corazón a todo lo que él quiere comunicarte.

Padre, gracias por ser el Dios de todo mi ser, incluso de mis sueños. Ayúdame a escuchar cuando tú me hablas. Amén.

No lo digas

Eviten toda conversación obscena. Por el contrario, que sus palabras contribuyan a la necesaria edificación y sean de bendición para quienes escuchan.

Efesios 4:29 NIV

✸

La secuencia de sucesos es muy predecible: los pensamientos fortuitos entran en nuestra mente; los escenarios negativos dominan nuestro pensamiento; las emociones volátiles pronto borbotean; y antes de que lo sepamos, las palabras dañinas salen de nuestra boca. Tal vez no seamos capaces de controlar todo pensamiento que entra en nuestra mente, pero las buenas nuevas son que *podemos* controlar los pensamientos en los que insistimos y en las palabras que pronunciamos.

Aprender a domar la lengua es tarea difícil. Primero debemos reconocer la destrucción de la que nuestra lengua es capaz. Santiago 3 trata las consecuencias de una lengua desenfrenada.

Aunque sea una parte diminuta del cuerpo, puede hacernos un gran daño a nosotros y a los demás, si se deja sin control.

El discurso edificante empieza con una mente disciplinada. Sopesa tus pensamientos frente a la verdad divina que se halla en su Palabra. Descarta las mentiras. Somete tu vida interior al control de Dios. Cuando se le permite guardar nuestra mente, nuestro discurso le agradará y seremos un verdadero beneficio para los demás.

Amado Señor, ayúdame a ganar la batalla de la lengua, insistiendo en tu verdad. Amén.

El hierro afila la amistad

Hierro con hierro se aguza; y así el hombre
aguza el rostro de su amigo.
Proverbios 27.17 RVR1960

❈

Tal vez estés familiarizada con la expresión bíblica "el hierro afila el hierro". ¿Pero qué significa? Para que las cosas se conserven afiladas como un cuchillo, tienen que frotarse contra algo que sea igual de duro, algo que pueda darles forma y convertirlos en herramientas eficaces.

Los amigos piadosos nos afilan. No nos dejarán hacernos insípidos en nuestra relación con Dios o con los demás. Nos mantendrán alerta y trabajarán con el Señor para hacer de nosotros las personas más eficientes que podamos ser. El roce contra ellas no siempre será divertido. De hecho, en ocasiones podríamos sentir la fricción y desearíamos poder correr en la dirección opuesta. ¡Pero no corras! Permite que Dios haga la obra que tanto anhela.

Echa un buen vistazo a las amigas que Dios ha puesto en tu vida. ¿Hay algunas que no te afilan? Tal vez tú hayas sido colocada en su vida para afilarlas a ellas. ¿Algunas participan diligentemente en tu vida, haciéndote crecer y convertirte en una persona mejor y más fuerte? ¿A veces te frotan del modo incorrecto? ¡Gloria a Dios! Te está moldeando y afilando para que seas la persona que tienes que ser.

Padre, gracias por mis amigas, en especial por aquellas
que me mantienen alerta. Gracias por la obra afiladora
que estás haciendo en mi vida, ¡aunque duela! Amén.

El agradecimiento como sacrificio

¡Yo soy el Dios altísimo! ¡Mejor tráeme ofrendas
de gratitud y cúmpleme tus promesas!
SALMO 50.14 TLA

✳

¡No resulta difícil decir "gracias"! Entonces, ¿por qué el salmista define la acción de gracias como un sacrificio? ¿Qué estamos dando para poder ser agradecidas? Cuando enumeramos nuestras bendiciones, nos damos cuenta de que somos receptoras de muchos dones, cosas que Dios nos ha dado gratuitamente, sin esfuerzo por nuestra parte.

Dar gracias es medio soltar, de abrir nuestras manos y reconocer el poder de Dios, su control y su bondad. En el proceso, nos libera de nosotros mismos. En el acto del agradecimiento estamos soltando el control que creemos tener. Una vez más reconocemos que mucho de lo que somos y de lo que tenemos son dones de un Dios soberano que nos ama y nos bendice. Sacrificamos nuestro orgullo y nuestra autosuficiencia cuando damos las gracias.

Señor, dame un corazón agradecido. Haz que me
vuelva a ti cada día en acción de gracias y, por tanto,
libérame del orgullo y de la autoimportancia. Amén.

ESTÁ BIEN

*Sean comprensivos con las faltas de los demás y perdonen
a todo el que los ofenda. Recuerden que el Señor los
perdonó a ustedes, así que ustedes deben perdonar a otros.*

COLOSENSES 3.13 NTV

❋

Cada una de nosotras ha sido perjudicada por otra persona, con
palabras pronunciadas con ira, relaciones desastrosas, corazones
heridos. Sabemos que Dios quiere que nos perdonemos unos a otros.
¿Pero cómo se lleva esto a cabo? Como criaturas caídas, preferimos
llevar la cuenta y sumar el mal que nos hacen. ¿Y por qué deberíamos
perdonar un trato injusto? Porque la Palabra de Dios así lo dice.

Pablo declara en Colosenses que debemos revestirnos de
misericordia, bondad y paciencia. Estas cualidades facilitarán
sobreponernos al dolor y perdonar el agravio. Nos recuerda que el
Señor nos perdonó y que debemos perdonar a los demás. Es más fácil
decirlo que hacerlo, indudablemente. Es necesario que nos centremos
en el valor de la persona, no en sus debilidades, y que volvamos
nuestra mente a lo que puede ser, y no a lo que fue.

Un autor anónimo escribió: "Hay tanto bueno en la peor de
nosotras, y tanto malo en la mejor de nosotras, que pasaremos gran
parte de nuestra vida aprendiendo a perdonar y olvidar. Hasta que
tomes la decisión de perdonar, la sanidad no puede comenzar".
Aflojar el agarre que tenemos en nuestra ira soltará, a su vez, las
bendiciones de Dios.

*Amado Padre celestial, sé que nos ordenas perdonar,
pero el perdón genuino es difícil. Ayúdame a
perdonar a los que me han herido. Amén.*

AVANZAR HACIA ADELANTE

No es que ya lo haya conseguido todo, o que ya sea
perfecto. Sin embargo, sigo adelante esperando alcanzar
aquello para lo cual Cristo Jesús me alcanzó a mí.
FILIPENSES 3.12 NVI

❄

Amy era una perfeccionista. Trabajaba para conseguir buenas notas, limpiar su apartamento o acabar un proyecto de trabajo, pasaba incontables horas modificando, cambiando y retocando para asegurarse de que se ocupaba del más mínimo detalle. El problema era que, por duro que trabajara, nunca sintió que alcanzaba el éxito. Finalmente se dio cuenta de que esta actitud le impedía llevar a cabo casi nada, ya que se sentía renuente a empezar un proyecto si sentía que no podía hacerlo perfectamente.

Este tipo de pensamiento puede ser muy debilitador. Concluimos que si fracasamos en un ámbito, somos un funesto fracaso. Y esta es una imagen muy precisa de lo que era la vida bajo la ley del Antiguo Testamento. En realidad, Santiago 2.10 (NVI) afirma: "Porque el que cumple con toda la ley pero falla en un solo punto ya es culpable de haberla quebrantado toda". Estas son las malas noticias. Las buenas son que ya no tenemos que vivir bajo la ley. Romanos 6.1-2 (NVI) declara: "Tenemos paz con Dios por medio de nuestro Señor Jesucristo. También por medio de él, y mediante la fe, tenemos acceso a esta gracia en la cual nos mantenemos firmes".

Ahora vivimos bajo la gracia. Esta nos libera de la esclavitud de la perfección. Alaba a Dios por su don de gracia.

Padre, gracias porque puedo dejar de ser una
perfeccionista ya que estoy bajo la gracia. Amén.

Apartada para él

*De algo pueden estar seguros: el Señor ha separado para
sí a los justos; el Señor me responderá cuando lo llame.*

SALMO 4.3 NTV

❋

¿No te sientes especial al saber que has sido llamada, escogida y
apartada para hacer grandes cosas para Dios? Y, aunque Dios no
tiene favoritos, sí tiene una forma de hacerte sentir muy especial. Te
ama tiernamente, eres uno de sus pequeños cariños. Y su oído está
siempre en sintonía con tu corazón. Esto es bastante asombroso,
¿verdad? Los padres siempre conocen la voz de sus hijos, y Dios no es
diferente. ¡Oye cada grito nuestro, incluso antes de proferirlo!

Reflexiona hoy en el concepto de haber sido apartada. ¿Qué
significa esto para ti y cómo afecta a tu caminar con Dios? ¿Cambia
esto la forma en que le ves? ¿Caminas con paso más decidido? ¿Hace
que te apetezca acurrucarte con él para tener una larga conversación?

Dios desea una relación íntima contigo. Por eso has sido
apartada, para que estés con él. ¡Saca todo el provecho posible de
ello! Dirígete a tu rincón de oración y deja que el Señor comparta su
corazón contigo. Luego abre el tuyo y compártelo con él también.

*Señor, me siento tan especial al saber que me
has apartado para ti. Anhelo una relación íntima
contigo y entro con alegría al salón de tu trono para
pasar hoy un tiempo serio en privado. Amén.*

EL DÍA DE REPOSO

Acuérdate del sábado, para consagrarlo.
ÉXODO 20.8 NVI

❋

Recordar el día de reposo no es algo que Dios tome a la ligera. Está incluido en los Diez Mandamientos. Guardar el día de reposo se remonta al Génesis. Dios hizo el mundo en seis días. Trabajó. Creó. Se deleitó en sus obras maestras: el océano, la tierra, los árboles, las flores y los animales de todo tipo. Y, lo mejor de todo, hizo al hombre y a la mujer a su propia semejanza. El séptimo día cesó la obra y Dios descansó.

El trabajo es bueno. Después de todo, Dios lo creó. Y en su Palabra existen muchas advertencias contra la ociosidad. Dios se toma en serio el trabajo. Debemos trabajar seis días y descansar el día de reposo. Debemos santificarlo. Está ideado para el descanso.

Muchas de nosotras adoramos con otros creyentes el domingo, pero no descansamos en realidad durante el resto del día. Toma este desafío. Durante un mes, lucha por observar el cuarto mandamiento. Santifica el día de reposo. No limpies tu casa ni laves tu coche, ni agarres el portátil para acabar ese proyecto que te gustaría presentar el lunes por la mañana. Descansa. Medita en el Señor. Relájate. Tómate las cosas con calma. ¡Qué gran mandamiento!

El libro de Éxodo nos dice que el Señor bendijo el día de reposo y lo santificó. Encontrarás gran bendición al apartar ese día cada semana para descansar.

*Dios, en este mundo ocupado, el domingo
suele convertirse en un día más. Ayúdame a
santificarlo como tú ordenas. Amén.*

¿Qué es tu Isaac?

*Cuando llegaron al lugar señalado por Dios, Abraham
construyó un altar y preparó la leña. Después ató a su
hijo Isaac y lo puso sobre el altar, encima de la leña.
Entonces tomó el cuchillo para sacrificar a su hijo, pero
en ese momento el ángel del Señor le gritó desde el cielo:
—¡Abraham! ¡Abraham!
—Aquí estoy —respondió.
—No pongas tu mano sobre el muchacho, ni le hagas
ningún daño —le dijo el ángel—. Ahora sé que temes a Dios,
porque ni siquiera te has negado a darme a tu único hijo.*

Génesis 22.9-12 NVI

❋

Dios le pidió a Abraham, que sacrificara a su único hijo. Isaac había
nacido de Abraham y de su esposa Sara, en su vejez, y era muy
especial para su padre. Con todo, Génesis nos dice que Abraham no
vaciló cuando Dios le pidió que hiciera este enorme sacrificio. Se
levantó temprano a la mañana siguiente y llevó a Isaac a la cima de
la montaña.

Abraham no le negó al Señor ni su precioso hijo. No entendía
la petición de Dios, y ciertamente su mano debió de temblar cuando
alzó el cuchillo. Sin embargo, estaba dispuesto. Su respuesta fue "sí".

¿Qué es tu Isaac? ¿Qué te costaría poner sobre el altar si Dios te
llamara a entregarlo? ¿Tu trabajo o tu reputación, una relación o un
sueño? Con frecuencia, el Señor solo quiere saber que seguirlo a él es
lo primero en tu vida, independientemente del coste.

*Señor, escudriña mi corazón. ¿Hay algo que necesite
entregarte para poder seguirte más de cerca? Amén.*

ABRÓCHATE PRIMERO TU PROPIA MASCARILLA

Ten mucho cuidado de cómo vives y de lo que enseñas.
Mantente firme en lo que es correcto por el bien
de tu propia salvación y la de quienes te oyen.
1 TIMOTEO 4.16 NTV

❋

¿Por qué las personas de las iglesias y otros grupos donde los voluntarios son esenciales parecen creer que las mujeres solteras y sin hijos tienen todo el tiempo del mundo para hacer el trabajo?

Toda mujer necesita vigilar su tiempo con sabiduría, esté casada o soltera. Todas estamos en peligro de acabar exhaustas corriendo de aquí para allá para hacer las cosas que parecen ser buenas y que pretenden dar gloria a Dios.

Por tanto, antes de acceder a asumir una posición de voluntaria, recuerda cómo las azafatas de vuelo recuerdan a los pasajeros de las aerolíneas, en caso de emergencia, que se abrochen sus máscaras de oxígeno antes de ayudar a otros. Dios intenta decirnos esto, de muchas maneras, mientras nos recuerda que no descuidemos nuestro tiempo de oración, de estudio y de comunión con él. Si tu oxígeno espiritual no está fluyendo de un depósito completo, nuestra capacidad de ayudar a los demás se acabará y seremos inútiles.

Abrocharnos primero nuestra propia mascarilla significa decir "no" a los grupos que nos ven como "singularmente" disponibles y "sí" a Dios que requiere verdaderamente nuestro tiempo. Solo entonces estaremos alerta y equipadas para servir a otros en su fuerza.

Amado Señor, ayúdame a priorizar mi programa
para poder renovarme y vigorizarme pasando
tiempo contigo e inspirándome para realizar las
tareas que colocas delante de mí. Amén.

TE AMO... INCLUSO EN LOS TIEMPOS DIFÍCILES

En todo tiempo ama el amigo.
PROVERBIOS 17.17 LBLA

❀

Una mujer guió a su mejor amiga durante una etapa difícil. Problemas de salud, una muerte en la familia y un grave episodio de depresión amenazaban con destrozar a su amiga. A pesar de ello, la mujer perseveró. Incluso cuando su amiga insistió en que no quería tener a nadie cerca. *Especialmente* cuando su amiga insistió en ello.

¿Has guiado alguna vez a una amiga durante un periodo duro? ¿Has estado allí cuando se enfrentó a la depresión o el dolor? ¿Sostuviste su mano mientras lloraba la pérdida de alguien a quien amaba? ¿La acompañaste durante una enfermedad o un desafío relacionado con el trabajo? ¿Lloraste con ella cuando su matrimonio llegó a un doloroso final? Si es así, sabes en verdad lo que significa amar en todo tiempo. La amistad —la verdadera amistad— es más profunda que los inesperados desafíos de la vida.

Piensa hoy en una amiga que esté atravesando una época particularmente difícil. ¿Qué puedes hacer para levantarle el espíritu? ¿Cómo puedes alentarla a seguir adelante? ¿Deberías enviarle una tarjeta? ¿Flores? ¿Llamarla por teléfono? ¿Escribirle una nota alentadora? ¿Llevarla a ver una película? Recuerda: el amor inspirado por Dios se derrama en todo momento.

Señor, quiero ser una bendición para mis amigas que sufren, mostrarles mi amor en todo tiempo. Hoy me vuelvo a comprometer contigo a preocuparme por mis amigas, sobre todo durante las épocas de dificultad. Dame tu corazón y muéstrame lo que puedo hacer para levantar el espíritu de mi amiga cuando está deprimida. Amén.

SÍ, SEÑOR, SÍ, SEÑOR, AMÉN.

El gozo del Señor es nuestra fortaleza.
NEHEMÍAS 8.10 NVI

✳

En nuestro mundo impulsado por el éxito, la diversión es un producto que se pasa por alto. Existe una escala corporativa que subir, un techo de cristal por el cual irrumpir, otra reunión del comité a la que asistir. Seria, formal y estructurada, nuestra vida carece de gozo. Competimos con un reloj cuya mano todo lo barre.

Pablo exhortó a la comunidad cristiana que estuviera llena de gozo *en ese momento*. Los salmos nos alientan a cantar, danzar y alabar su nombre. ¿Cómo se puede hacer con un rostro solemne? Un poco de diversión desenfadada suelta la tensión contenida y equilibra las escalas de la vida. La risa bajará nuestra presión sanguínea. Ese corazón alegre es buena medicina.

Indudablemente es hora de un poco de espontaneidad. En 1 Tesalonicenses 5.16 (NVI) leemos: "Estén siempre gozosos". En nuestro mundo del ciberespacio, podemos compartir bromas y videos hilarantes. Pon uno en la pantalla, echa la cabeza atrás y ríe. Date cuenta de que Dios pretendía que tuviéramos gozo en nuestra vida. Di: "Sí, Señor", y ríete.

Padre, vivo en un mundo cargado de peligro,
graves problemas y preocupación. Ayúdame
a hallar gozo en mi vida hoy. Amén.

QUÉ VESTIR

Por lo tanto, como escogidos de Dios, santos y
amados, revístanse de afecto entrañable y de
bondad, humildad, amabilidad y paciencia.
COLOSENSES 3.12 NVI

❋

Todas pasamos tiempo escogiendo qué ponernos cada día. A veces,
es sencillamente cuestión de lo que está limpio (¡o lo que se puede
resucitar del cesto de la ropa sucia!).

Algunas mujeres van a la moda, y esto les exige estar al día con
las últimas tendencias. Otras son más prácticas y montan el vestuario
de toda la semana con dos pantalones de colores neutros y algunos
tops de colores sólidos.

La ropa es importante. Dice algo sobre una persona. Piensa en
una velada de etiqueta, una entrevista, un partido de tenis o un día
en la playa. Cada una de estas ocasiones exige un tipo diferente de
atuendo. ¡Aparecer en la playa con un esmoquin, o en un partido de
tenis con un traje de negocio sería ridículo!

Como creyentes, Dios nos dice de vestirnos de compasión,
amabilidad, humildad, bondad y paciencia. Estos rasgos no se
encuentran en unos almacenes ni en las últimas revistas de moda.
Solo pueden proceder del Espíritu Santo que vive en y por medio de
nosotros.

Hoy, cuando escojas la ropa que te vas a poner, elige vestirte de
características piadosas que te harán resplandecer como una hija del
Señor.

Dios, no siempre es fácil ser amable o compasiva. A
veces, la humildad, la bondad y, especialmente, la
paciencia también son difíciles. Ayúdame a asegurarme
de estar completamente revestida de estas actitudes
antes de salir de casa cada mañana. Amén.

UN PERFUME SANTO

*Porque fragante aroma de Cristo somos para
Dios entre los que se salvan y entre los que se
pierden; para unos, olor de muerte para muerte,
y para otros, olor de vida para vida.*

2 CORINTIOS 2:15-16 LBLA

✻

Los olores nos envuelven. El aroma de lavanda nos relaja, el del café
nos pone en marcha y el de una mofeta nos ofende.

¿Has considerado alguna vez cómo el espíritu de una persona
tiene un aroma? Cuando conoces al alguien piadoso, amable y
sinceramente amable, su espíritu parece exudar un invitante aroma
como a galletas hechas en casa o una sidra caliente con especias
que atrae a los demás. Pero también hay personas que cuando las
conocemos, de inmediato parecen soltar un fuerte olor a vinagre
o amoniaco. Tienen un espíritu inestable en el que se cultiva la
amargura y el descontento.

¿Qué tipo de aroma quieres que emane tu espíritu? Recuerda
que tiene el poder de cambiar una habitación y hasta a una
comunidad entera.

Por tanto, cuando estés realizando tu higiene diaria y te pongas
perfume en la piel, considera también tu perfume espiritual. Mantén
fresca la fragancia, sin abrumar, que sea acogedora, manteniendo
tu espíritu en línea con el Espíritu de Dios a través de la oración, el
estudio bíblico y la alabanza.

*Espíritu Santo, te doy la bienvenida a mi vida. Sé un
perfume que demuestre a los demás que eres soberano
en mi vida y que los atraiga a Jesucristo. Amén.*

COMO ELLOS

Empezaron a llevarle niños a Jesús para que los tocara,
pero los discípulos reprendían a quienes los llevaban.
Cuando Jesús se dio cuenta, se indignó y les dijo:
«Dejen que los niños vengan a mí, y no se lo impidan,
porque el reino de Dios es de quienes son como ellos».
MARCOS 10.13-14 NVI

❄

¿Has observado alguna vez cómo adoran los niños? Lo hacen con abandono. No se sienten restringidos por la pregunta: "me pregunto si la gente me está mirando". En realidad, nunca piensan en ello. Cuando la música comienza, ellos empiezan a celebrar. Y lo hacen con un corazón puro y sin motivaciones escondidas ni programa.

Jesús anhela que vengamos a él como hijos. Dejar de preocuparse sobre lo que otros piensan y acudir sencillamente con un corazón puro, dispuesto a la adoración. Tal vez tengas que sacudirte algunas preocupaciones y temores, y quizá tengas que abandonar tu forma tradicional de acercarte a él, pero merecerá la pena.

Echa un vistazo a las Escrituras de hoy. Cuando los discípulos intentaban echar a los niños —pensando que molestaban a Jesús— los detuvo en seco. *"No se lo impidan, porque el reino de Dios es de quienes son como ellos"*. Hace que quieras tener una fe como la de los niños, ¿verdad? Ven a él —en todas las ocasiones— como un niño.

Señor, te ruego que restaures hoy mi fe como la de un
niño. Ayúdame a vencer cualquier inseguridad y a venir
sencillamente a ti con un afecto desenfrenado. Amén.

VALORAR A LAS PERSONAS POR ENCIMA DE LAS COSAS

María tomó entonces como medio litro de nardo puro, que era un perfume muy caro, y lo derramó sobre los pies de Jesús, secándoselos luego con sus cabellos.

JUAN 12.3 NVI

❋

María y Marta debieron de haberse sentido especialmente agradecidas de tener a Jesús para cenar. Hacía muy poco que había resucitado a su hermano Lázaro de los muertos. No podían creer que siguiera estando con ellas ni que su amado Jesús estuviera en su casa para otra cena.

Para sorpresa de sus invitados, María tomó medio litro de un lujoso perfume y lavó con él los pies de Jesús. Por si esto no hubiera sido bastante chocante, se inclinó para secárselos con su cabello. Cuando el aroma del perfume y el escandaloso acto de María flotaron en el aire, Judas se levantó de un salto, indignado.

"¡Esto se debería haber vendido! ¡Habríamos dado el dinero a los pobres!".

Tal vez Judas actuaba guiado por una energía nerviosa; estaba a punto de traicionar a Jesús ante las autoridades. O tal vez intentaba sentirse mejor consigo mismo señalando el desperdicio de María. Pero, como siempre, Jesús vio el corazón de Judas a través de sus actos. Reconoció la verdad que había en él (sabía que había estado robando), mientras reconoció la pureza de las acciones de María (le estaba preparando simbólicamente para su sepultura).

Jesús valoraba a las personas por encima de las cosas. Consideraba que el corazón era más importante que los actos o la apariencia externa. ¿Qué valoras tú?

Padre, ayúdame a valorar las cosas que tú valoras.. Amén.

Encajar

Él hace que todo el cuerpo encaje perfectamente.
Y cada parte, al cumplir con su función específica,
ayuda a que las demás se desarrollen, y entonces
todo el cuerpo crece y está sano y lleno de amor.
Efesios 4.16 ntv

¿Has hecho alguna vez un gran rompecabezas? Tal vez luchaste por conseguir que todas las piezas encajaran. Algunas eran obvias, y otras un verdadero desafío.

El cuerpo de Cristo es muy parecido a un puzle gigante. Está lleno de muchas y numerosas piezas y todas encajan entre sí sin costuras, para formar la imagen más hermosa de la tierra, más bella que cualquier paisaje marino o pico de una montaña.

Cada pieza es fundamental para el conjunto. Indudablemente, cuando las miras de forma individual, te puedes preguntar: "¿Cómo podrá encajar esta pieza? No se parece en nada a las demás. No tiene la misma forma". Aun así, ¡encaja! Y cuando la ves en su lugar adecuado, tiene todo el sentido del mundo.

Este es un gran día para alabar al Señor por las muchas piezas del puzle —los hermanos y hermanas cristianos— que se te han dado. Piensa en aquellos que están en los lugares más remotos de la tierra. Todos son parte de esta imagen gloriosa que forma la iglesia.

Oh Señor, estoy tan agradecida de que todos los que
están en el cuerpo de Cristo tengan un lugar. Gracias
por encajarnos de una forma tan hermosa. Y gracias
porque cada uno hemos recibido nuestra propia tarea
que cumplir. Haz que pueda aprender a hacer la mía
bien, para que otros puedan crecer en ti. Amén.